Questões Controvertidas no Código de Defesa do Consumidor

B699q Bonatto, Cláudio
Questões controvertidas no Código de Defeda do Consumidor:
principiologia, conceitos, contratos atuais / Cláudio Bonatto, Paulo Valério Dal Pai Moraes. 5ª ed. rev. atual. e ampl. – Porto Alegre: Livraria do Advogado Editora, 2009.
248 p.; 21 cm.
ISBN 978-85-7348-590-5

1. Código de proteção e defesa do consumidor. 2. Proteção ao
consumidor. I. Moraes, Paulo Valério Dal Pai. II. Título.

CDU 347.451.031

Índice para o catálogo sistemático:
Código de proteção e defesa do consumidor
Proteção ao consumidor

(Bibliotecária responsável: Marta Roberto, CRB-10/652)

Cláudio Bonatto
Paulo Valério Dal Pai Moraes

QUESTÕES CONTROVERTIDAS
no
Código de Defesa do Consumidor

• Principiologia • Conceitos • Contratos atuais

5ª EDIÇÃO
Revista, Atualizada e Ampliada
de acordo com o Código Civil de 2002

Porto Alegre, 2009

©

Cláudio Bonatto
Paulo Valério Dal Pai Moraes
2009

Capa, projeto gráfico e diagramação
Livraria do Advogado Editora

Revisão
Rosane Marques Borba

Direitos desta edição reservados por
Livraria do Advogado Editora Ltda.
Rua Riachuelo, 1338
90010-273 Porto Alegre RS
Fone/fax: 0800-51-7522
editora@livrariadoadvogado.com.br
www.doadvogado.com.br

Impresso no Brasil / Printed in Brazil

Dedico este trabalho à minha mulher, Dalva, e a meus filhos, Claudio Vinícius e Larissa, companheiros de todas as horas e alimento do meu espírito, e, especialmente, à nova estrela de luz que ilumina meu caminho, querida neta Constanza.

Cláudio Bonatto

Dedico esta obra aos meus amigos funcionários da Promotoria de Defesa do Consumidor e do Centro Operacional de Defesa do Consumidor, dentre eles, em especial, ao Márcio De Camillis, os quais contribuíram diretamente para a concretização deste trabalho, para o meu aprimoramento profissional e, principalmente, pessoal.

Dedico esta edição, também, à Márcia, minha mulher e meu amor.

Paulo Valério Dal Pai Moraes

Sumário

Apresentação à 1ª edição
Claudia Lima Marques 11

1. Princípios constitucionais fundamentais prevalentemente
   aplicáveis ao Código de Defesa do Consumidor 21
   1.1. Introdução 21
   1.2. Conceito de princípio 24
   1.3. Princípios constitucionais fundamentais 27
   1.4. Princípio da igualdade 29
   1.5. Princípio da liberdade 34
   1.6. Princípio da boa-fé objetiva 36
   1.7. Princípio da vulnerabilidade 42
   1.8. Princípio da repressão eficiente aos abusos 47
   1.9. Princípio da Harmonia do Mercado de Consumo 52
   1.10. Observações finais sobre os princípios 56

2. Relação jurídica de consumo 59
   2.1. Conceito de relação jurídica 59
   2.2. Conceito de relação jurídica de consumo 62
   2.3. Natureza das normas reguladoras da relação jurídica de
        consumo 63
   2.4. O Código de Defesa do Consumidor é Lei Complementar 65
   2.5. Da aplicação do CDC em harmonia com o Código Civil 69

3. Sujeitos da relação jurídica de consumo 77
   3.1. Conceito de consumidor 77
   3.2. Da extensão do conceito de consumidor 91
   3.3. Conceito de fornecedor 97

4. Do objeto da relação de consumo 105
   4.1. Produto 105
   4.2. Serviço 108
   4.3. Serviço público 111

5. Da responsabilidade civil no Código de Defesa do Consumidor 127
5.1. Da responsabilidade pelo fato do produto e do serviço 128
5.2. Da responsabilidade dos profissionais liberais 142
5.3. Do artigo 17 do Código de Defesa do Consumidor
(as vítimas do fato do produto ou do serviço) 149
5.4. Responsabilidade pelos Vícios do Produto e do Serviço 150
5.5. Da responsabilidade subsidiária do comerciante pelo
fato do produto 155

6. Das práticas comerciais abusivas 159
6.1. Das práticas abusivas nos contratos 160
6.2. Dos contratos bancários 164
6.2.1. Introdução 164
6.2.2. Do interesse de agir 169
6.2.3. Da aplicação do Código de Defesa do Consumidor
aos contratos bancários 177
6.2.4. Dos interesses envolvidos nos contratos bancários 187
6.3. Dos contratos de tempo compartilhado (*time sharing*) 190
6.3.1. Do direito de arrependimento 195
6.4. Do contrato de cartão de crédito 198
6.4.1. Do impositivo ingresso no sistema 202
6.4.2. Da integração dos contratos 207
6.5. Contrato de incorporação imobiliária 211
6.5.1. Da natureza adesiva dos contratos de incorporação 217
6.5.2. Da cláusula de irrevogabilidade e irretratabilidade e o
art. 51, II, do CDC 221

7. Conclusão 227

Bibliografia 227

Índice onomástico 239

Índice analítico 242

Apresentação à 1ª edição

O Código de Defesa do Consumidor é considerado uma das leis brasileiras rejuvenecedoras de nosso sistema de direito civil e direito processual civil. A Lei 8.078/90 entrou em vigor em março de 1991 e, passados seis anos de prática desta lei ainda nova, observa-se que muitas de suas normas, muitas de suas inovações, assim como o seu amplo e fluido campo de aplicação continuam a despertar o interesse e a atenção dos práticos e estudiosos do Direito. O mercado e os profissionais do Direito adaptam-se ainda aos novos paradigmas de boa-fé e de equilíbrio nas relações de consumo impostos pelo Código de Defesa do Consumidor.

O potencial de inovação que o referido Código trouxe consigo não foi completamente exaurido nem pela doutrina, nem pela prática. Se cada vez mais se utiliza esta lei para embasar pretensões e propor soluções justas para os conflitos no mercado brasileiro, o cumprimento voluntário da lei e a adaptação do mercado a estes parâmetros ainda pode evoluir, assim como a própria utilização que lhe fazem os profissionais do Direito.

Em verdade, uma série de questões oriundas da lei e dos novos direitos do consumidor restam irrespondidas. As opiniões multiplicam-se, mas não há verdadeiro debate crítico acerca destas opiniões díspares. Esta obra vem justamente restabelecer este debate, contribuindo em muito, na medida em que emite opiniões claras sobre as questões até agora controvertidas da prática do Código de Defesa do Consumidor (CDC). Aqui reside seu mérito e o pioneirismo de sua proposta. Sinto-me, pois, profundamente honrada pelo convite de apresentar tal obra, que será de grande utilidade para aqueles que praticam o Direito e os que se interessam pela evolução atravessada pelo Direito brasileiro.

Registre-se que a obra agora terminada é fruto da larga experiência dos autores na defesa dos interesses dos consumidores. Ambos são membros destacados do Ministério Público do Estado do Rio Grande do Sul, com marcante atuação na defesa dos mais vulneráveis no mercado. Trata-se, pois, de uma visão prática aliada a um grande embasamento teórico, que caracteriza e caracterizou a atuação dos autores no *Parquet*.

Conheci Cláudio Bonatto em março de 1992, quando se realizou, em Canela/RS, o III Congresso Internacional de Direito do Consumidor, organizado pelo BRASILCON – Instituto Brasileiro de Direito do Consumidor. Impressionou-me o Coordenador da Coordenadoria das Promotorias de Defesa Comunitária do Ministério Público do Rio Grande do Sul pelo seu senso público, firmeza nas convicções e sincera dedicação à causa da defesa do consumidor. Logo seríamos colegas na função da Seção Rio Grande do Sul do BRASILCON, onde é Diretor, e em diversas atividades e congressos do Instituto e das Universidades do Estado.

Como membro do Ministério Público e Coordenador do Centro de Apoio Operacional das Promotorias de Defesa do Comunitária/RS, teve destacado papel na conscientização dos profissionais do Direito e da população gaúcha sobre a importância dos novos direitos do consumidor, tendo sido inclusive Coordenador do SISTECON de Novo Hamburgo de 1989 a 1991 e o primeiro professor da nova matéria "Direito do Consumidor" na Faculdade de Direito da Universidade do Vale do Rio dos Sinos – UNISINOS. Trata-se, pois, de um pioneiro no direito do consumidor, cujo trabalho e dedicação merece o louvor de todos, como comprovam os inúmeros prêmios, distinções e votos de louvor pelos relevantes serviços prestados à comunidade; prêmios estes recebidos por Cláudio Bonatto durante a sua carreira como membro do Ministério Público e que culminaram com a concessão do Título Honorífico de Cidadão Emérito de Porto Alegre.

O que mais chama a atenção em Cláudio Bonatto é a força e a sinceridade com que defende suas idéias e seus ideais. Um membro nato do Ministério Público, homem honrado e prático, que hoje, aposentado, encontrou o tempo para fixar suas idéias e colocá-las à discussão em forma de livro. Esperamos que esta seja a primeira de muitas outras obras.

Cláudio Bonatto fez escola com sua atuação específica e forte na área de defesa do consumidor e ajudou a consolidar a importância da atuação do *Parquet* nesta área. Paulo Valério Dal Pai Moraes é um dos seus seguidores, colega e amigo, que soube transformar os ensinamentos de Bonatto em ações concretas e obras como esta, superando as limitações da sua juventude, através de seu forte senso público e de lealdade a seus ideais.

Conheci Paulo Valério Dal Pai Moraes ainda na Faculdade de Direito da Universidade Federal do Rio Grande do Sul, onde fomos colegas durante cinco belos anos. A Láurea conquistada ao final do curso já previa sua brilhante carreira, mas foi a sua força de vontade, ampla curiosidade científica e simpatia que sempre nos marcou, seus colegas e amigos. Em setembro de 1989, ingressou no Ministério Público do Estado do Rio Grande do Sul e, após rápida passagem no interior do Estado, foi chamado a integrar a equipe da Coordenadoria das Promotorias de Defesa Comunitária – Setor do Consumidor –, onde até hoje tem marcante atuação. Desde a Faculdade, demonstrou forte tendência para a área científica. Especialista em Direito Processual Civil pela Pontifícia Universidade Católica do Rio Grande do Sul, cursa atualmente Mestrado em Direito na mesma Universidade e, em 1997, lançou com sucesso seu primeiro livro intitulado *Conteúdo Interno da Sentença*, editado pela Livraria do Advogado Editora, de Porto Alegre.

É, portanto, uma grande honra apresentar a obra destes destacados juristas gaúchos, amigos e companheiros de BRASILCON – Instituto Brasileiro de Direito do Consumidor. Se não posso concordar com todas as opiniões e idéias dos autores sobre os temas polêmicos aqui tratados, devo dizer que é sempre um prazer trocar idéias e discuti-las com os combativos e incansáveis amigos do Ministério Público gaúcho. É esta troca, este debate que sempre nos anima a escrever e reescrever sobre temas novos e importantes que afligem grande parte da população, como os aqui destacados temas controvertidos do direito do consumidor.

É nesse sentido, como forma de contribuir à discussão científica, que passo a destacar alguns pontos altos e originais da presente obra, que me dão a honra de apresentar. Inicialmente, é necessário frisar que a escolha dos temas, denominados pelos autores como "questões controvertidas" no CDC, foi especialmente feliz, tornando o livro ao mesmo tempo uma leitura prazeirosa e de grande interesse prático.

O texto apresentado pelos autores, Bonatto e Moraes, apresenta inúmeros méritos, entre os quais se destaca um acurado e atualizado levantamento da doutrina especializada, com a defesa de posições próprias e originais, aliadas a uma importante visão prática, ao trazer exemplos de vários inquéritos civis em que participam, ao citar a jurisprudência de base e ao formular claras definições dos institutos tratados. Estes méritos tornam o livro um instrumento importante para a prática da advocacia, que se depara constantemente com estas questões, assim como para aqueles que necessitam julgar estas questões controvertidas. Como a conclusão da obra humildemente refere, o livro foi pensado como um guia para os estudantes interessados em uma visão atualizada e prática do direito do consumidor, mas extrapolou esta finalidade inicial.

Destaque-se que muitas das idéias originais aqui defendidas são polêmicas, e a visão defendida com brilhantismo pelos autores, é, muitas vezes, a minoritária. Assim, no capítulo terceiro, número 4.3., ao analisar a aplicação do Código aos serviços públicos, defendem os autores a tese original que os serviços *uti singuli* remunerados podem ou não sofrer a incidência do CDC. Os autores excluem da incidência do

CDC todos os serviços públicos remunerados por taxa, ao defender a idéia de que, em tal caso, o cidadão não poderia ser considerado como consumidor, uma vez que limitado formalmente o seu direito de escolha.

A defesa de uma posição minoritária não desmerece a obra, ao contrário, lhe valoriza como contribuição ao debate científico. Neste sentido, devo confessar que também discordo da tese aqui defendida, por não considerar pessoalmente o requisito da "liberdade formal de escolha" condição para a definição de consumidor *stricto sensu*. Isto porque, em matéria contratual, matéria a que mais me dedico, é corrente o fato, em mercados tão monopolistas e concentrados como o brasileiro, e onde se utiliza habitualmente de métodos de contratação de massa, como os contratos de adesão e mesmo os contratos ditados, que a liberdade contratual do consumidor (liberdade de escolha do parceiro e do conteúdo das cláusulas) encontre-se fortemente limitada, por vezes mesmo excluída. O limite e a exclusão das liberdades reforça e comprova a condição de vulnerabilidade dos indivíduos e é justamente a causa para que se estabeleça um regime e uma tutela especial para estes mais fracos na sociedade.

A vulnerabilidade fática e jurídica do consumidor em relações pré-contratuais e contratuais é um desequilíbrio intrínseco, estrutural, por vezes mesmo invencível, o que justamente faz com que o direito atual intervenha e procure reequilibrar a relação. Uma intervenção protetiva deve ser para incluí-lo em um regime especial, e não para retirar o cidadão deste regime. Nada impede que ao regime do direito administrativo some-se o da defesa do consumidor-vulnerável.

A aqui destacada inexistência de liberdade formal de escolha do parceiro, no caso de serviço público remunerado por taxas, parece-me, pessoalmente, ser mais o reflexo da inclusão desta relação em um regime jurídico especial, como o do direito administrativo, do que a causa de ser este o único regime especial aplicável ou a causa da exclusão de um indivíduo de um regime protetivo, como o de defesa do consumidor. A liberdade formal de escolher o parceiro desaparece não porque o cidadão não seja consumidor naquela relação, mas porque o Estado está presente com forte *jus imperii*, e não como simples parceiro-contratual no outro pólo. A causa da mudança de regime é o pólo ativo, e não o pólo passivo, onde se encontra efetivamente um consumidor-vulnerável. A cumulação de regimes não devolverá ao consumidor a liberdade de escolher, por não poder se opor ao *jus imperii*, mas pode auxiliá-lo na efetividade de outros deveres da relação.

Em outras palavras, não vejo motivo para determinar que este indivíduo comprovadamente vulnerável, que contrata sem liberdade formal, seja excluído do campo de aplicação do CDC e não possa ser considerado consumidor. Basta lembrar o caso dos seguros obrigatórios, das contratações historicamente impostas pelo *jus imperii* do Estado, que foram por muitos anos estudadas pelos doutrinadores e deram nascimento às doutrinas sobre os contratos impostos e ditados, sobre o *law making power* nos contratos de adesão e à evolução jurisprudencial, que hoje chamamos direito contratual do consumidor.

Que uma relação envolvendo um serviço público não seja de consumo e que, por conseguinte, não seja regulada pelo CDC é possível, mas por outras razões que não a normal inexistência de um consumidor *stricto sensu* ou consumidor equiparado no pólo passivo. É necessário para caracterizar a relação de consumo que em cada pólo se encontre um consumidor e um fornecedor, assim no exemplo da taxa judiciária talvez se possa defender que o Estado-Poder Judiciário não é um fornecedor de serviços, age com exclusivo *jus imperii*, e se assim age, a relação estaria excluída do campo de aplicação do CDC por não ser de consumo.

Elaborar um regra ou diferenciação única para todas as "taxas públicas" é tarefa difícil, até mesmo porque no Brasil muitas das chamadas "taxas" são em verdade preços e preços públicos, como alertam os autores. Note-se, porém, que o campo de incidência do CDC não inclui apenas os consumidores destinatários finais (art. 2º do CDC), mas também os consumidores-vítimas (art. 17 do CDC) e os consumidores-pessoas expostas às prática dos capítulos contratuais (art. 29 do CDC), não exigindo aqui o CDC que tenham tido liberdade formal ou material, mas, ao contrário, valorizando estes novos limites à liberdade do indivíduo como sinais de sua vulnerabilidade e da necessidade de especial proteção.

Em tempos pós-modernos, em que tanto no mercado, quanto nas ciências – e também no direito – identificam-se, "ilhas de efetividade", "setores de excelência" de tratamento diferenciado aos diferentes tempos em que não mais se acredita que as normas de aplicação geral e genérica, criadas com base em ideais e visões de uma igualdade formal, podem dar respostas adequadas a eficientes para questões tópicas e especiais, como a defesa dos consumidores-vulneráveis; neste tempo pós-moderno de desregulamentação e de privatização de tantos serviços públicos no mercado de consumo, retirar os consumidores de alguns serviços públicos *uti singuli* (hoje semipúblicos) da égide da proteção do Código de Defesa do Consumidor significa excluí-los de uma proteção efetiva e baseada na noção de igualdade material e no ideal de liberdade.

A jurisprudência e a doutrina majoritária brasileira incluem os serviços remunerados por taxa na proteção do CDC, considerando que o cidadão pode ser consumidor *stricto sensu* se destinatário final de um serviço público *uti singuli* oneroso, privatizado ou não, ou se caracterizado como consumidor equiparado dos artigos 17 e 29 do CDC. Os Tribunais principais têm decidido pacificamente, chegando mesmo a ampliar esta proteção para incluir os serviços privados teoricamente gratuitos, em verdade serviços remunerados indiretamente, como alguns serviços prestados pelos bancos, *shopping centers* e mesmo a publicidade.

Note-se a importância desta posição majoritária para o futuro da proteção dos consumidores, pois o Brasil do futuro é um mercado de serviços. Se com sabedoria, o Código de Defesa do Consumidor não exclui estes consumidores de sua proteção, não me parece positivo excluí-los, e justamente por um fator que denota, que caracteriza, que exterioriza mesmo a sua vulnerabilidade intrínseca: a falta real de possibilidade escolha. A tese dos autores é cativante e magistralmente de exposta, mas o perigo de – se mal interpretada – incluir novo elemento caracterizador no conceito de consumidor, onde a lei não incluiu, parece-me decisivo para manter minha posição.

De outro lado, merecem acolhimento outras observações marcantes dos autores, em especial sobre a força maior no regime da responsabilidade civil do CDC e sobre as várias cláusulas abusivas, que apesar da previsão expressa nos arts. 51 e outros do Código continuam a ser oferecidas à adesão no mercado brasileiro, como a cláusula de irrevogabilidade e irretratabilidade nos contratos imobiliários e outras dos contratos bancários, assim como suas inspiradas observações sobre a legitimidade do Ministério Público para o controle abstrato do conteúdo dos contratos de adesão oferecidos no mercado brasileiro.

Quanto ao plano da obra, ainda cabe comentar o seu apuro e abrangência. O primeiro capítulo do livro é dedicado ao estudo dos princípios aplicáveis ao Código de Defesa do Consumidor (CDC), analisando especialmente os princípios constitucionais fundamentais, o princípio da igualdade, da liberdade, da boa-fé objetiva, da vulnerabilidade e da repressão eficiente aos abusos.

O segundo capítulo enfoca a relação jurídica de consumo, analisando a natureza das normas reguladoras da relação de consumo e defendendo a tese que o Código de Defesa do Consumidor é Lei Complementar à Constituição Federal.

O terceiro capítulo estuda os sujeitos da relação jurídica de consumo e defende uma definição minimalista de consumidor e uma noção ampla de fornecedor.

O quarto capítulo estuda o objeto da relação de consumo, assim considerado o produto ou serviço colocado no mercado brasileiro, analisando em detalhes a polêmica inclusão dos bancos, das atividades bancárias, creditícias e financeiras no campo de aplicação do Código de Defesa do Consumidor.

Cláudio Bonatto
Paulo Valério Dal Pai Moraes

Este capítulo traz a referida análise original sobre os serviços públicos e o Código de Defesa do Consumidor.

No quinto capítulo, estudam os autores a responsabilidade civil no CDC, dividindo a análise, a exemplo do CDC, em responsabilidade pelo fato do produto e do serviço e em responsabilidade pelos vícios do produto ou do serviço, tecendo especiais comentários sobre o regime da responsabilidade dos profissionais liberais e a inclusão de outros consumidores equiparados através do art. 17 do CDC.

O sexto capítulo é consagrado às práticas comerciais abusivas, analisando a inclusão de cláusulas abusivas nos contratos bancários, ponto alto do livro, assim como a legitimação e o interesse de agir do Ministério Público no controle abstrato e geral dos contratos de adesão oferecidos aos consumidores pelos bancos. Ainda no estudo das práticas comerciais abusivas, introduzem os autores uma frutífera e rara discussão sobre as práticas e cláusulas que acompanham alguns contratos comuns, mas problemáticos nos dias de hoje, como os contratos de incorporação imobiliária, os contratos de tempo compartilhado ou de *time sharing*, defendendo o direito de arrependimento do consumidor através da aplicação do art. 49 do CDC e introduzindo o tema do contrato de cartão de crédito. Ainda é analisado como prática abusiva o ingresso impositivo no sistema de consumo, seja através de venda à distância, envio de assinaturas e serviços não requeridos pelo consumidor. Por fim, estudam os autores o problema da integração dos contratos após a declaração da nulidade da cláusula considerada abusiva pelo CDC.

Note-se, pois, a felicidade da escolha destes temas, todos atuais na literatura especializada européia, como comprovam as novas Diretivas européias sobre estes temas, mas ainda com parco tratamento na literatura brasileira.

Trata-se, portanto, de obra de fôlego, com forte base prática e teórica e cuja leitura será, sem dúvida, de grande utilidade para todos. Se não concordamos com todas as posições dos autores, certo é que sua obra representa uma destacada contribuição ao debate científico em torno do Código de Defesa do Consumidor. É com este espírito e com grande alegria que recomendamos a presente obra, parabenizando os autores por sua elaboração.

Cláudia Lima Marques

Professora da Universidade Federal do Rio Grande do Sul.
Doutora em Direito pela Universidade de Heidelberg, Alemanha.
Mestre em Direito pela Universidade de Tübingen, Alemanha.
Diretora Secretária-Geral do BRASILCON – Instituto Brasileiro de Política e Direito do Consumidor e membro da Diretoria da BRASILCON no RS.

1
Princípios constitucionais fundamentais prevalentemente aplicáveis ao *Código de Defesa do Consumidor*

1.1. Introdução

É tema apaixonante o relativo aos princípios, pois eles representam as mais profundas e verdadeiras manifestações da espiritualidade do homem e se manifestam, de maneira concreta, por intermédio das ciências culturais, dentre elas o Direito.

Já neste início de trabalho importa fazer distinção fundamental que servirá para bem esclarecer o conceito de princípio, na área do conhecimento de que tratamos.

Partimos, então, dos ensinamentos de Miguel Reale,[1] o qual procura demonstrar a grande diferença existente entre os significados de "explicar" e o de "compreender", pois corresponderá à distinção aos conceitos de "juízos de valor" e de "juízos de realidade".

Com efeito, comenta o festejado doutrinador que explicar seria "descobrir na realidade aquilo que na realidade mesma se contém", sendo que "nas ciências da natureza a explicação pode ser vista, de maneira geral, como objetiva e neutra, cega para o mundo dos valores".

Compreender um fenômeno, por sua vez, significa envolvê-lo "na totalidade de seus fins, em suas conexões de sentido".

---

[1] *Filosofia do Direito*, volume 1. 3ª ed. São Paulo: Saraiva 1962, p. 221 e ss.

Extrai-se destes ensinamentos, desde já, que existe uma tendência lógica e formal na atividade explicativa, sendo que na outra a inclinação é voltada para o aspecto axiológico e teleológico do objeto em questão.

Disso resulta que, quando explicamos algo, descrevemos ontologicamente o objeto de análise, sem que seja, em princípio, trazido qualquer acréscimo por parte do sujeito que realiza o ato de conhecer, ao passo que na atividade de compreender é imprescindível a existência de uma contribuição positiva do sujeito, o qual realizará as conexões necessárias, executando uma tarefa eminentemente axiológica e finalística.

Como resultado do entendimento preciso da diferença ora tratada, define Miguel Reale,[2] falando sobre a ligação entre o sujeito e o predicado, que, no *juízo de valor*, "essa ligação resulta de uma apreciação subjetiva, ou melhor, da participação da consciência de quem valora no ato de constituir-se o liame. Ao contrário, nos *juízos de fato ou de realidade*, a ligação entre sujeito e predicado resulta da apresentação mesma do objeto, impondo-se ao sujeito cognoscente, cuja consciência não pode senão verificar o enlace, sem possibilidade de opção e de preferência".

É indispensável uma introdução neste sentido, pois corresponde exatamente à distinção entre ser e dever-ser, contribuindo, também, para o correto entendimento do que sejam as leis naturais e as leis culturais, dentre estas igualmente estando as leis jurídicas.

Veja-se que as leis jurídicas, representadas por normas, que, segundo Eros Roberto Grau,[3] dividem-se em regras e princípios, decorrem de juízos de valor, pois surgem exatamente da compreensão das coisas na integralidade de seus sentidos ou de seus fins, ou seja, segundo conexões determinadas valorativamente.

---

[2] Ob. cit., p. 223.

[3] Interpretando o Código de Defesa do Consumidor, Algumas Notas. *Revista Direito do Consumidor*, volume 5, São Paulo: RT, p. 188.

No mesmo sentido é a lição de Karl Larenz, citado por Juarez Freitas,[4] quando este último evidencia que aquele doutrinador "ocupa-se de uma utilíssima caracterização geral da jurisprudência, dos modos de manifestação do Direito, da linguagem dos enunciados normativos, *da jurisprudência como ciência 'compreensiva' (em Gadamer)*, do pensamento orientado a valores no âmbito da aplicação do Direito e no da dogmática jurídica (...)".

As leis naturais, por sua vez, são o resultado de uma análise explicativa, seguido de um juízo de realidade que demonstra o objeto, o "ser", como ele é.

Não é desarrazoado, pois, o entendimento de o que sejam as leis naturais e as leis culturais, bastando, para tanto, comentar uma das características que as diferencia, qual seja a da "sanção". Ou seja, o desrespeito a uma lei natural (como por exemplo uma lei da física), já contém a sanção imediata, ao passo que as leis culturais necessitam ser acrescidas pela sanção mais adequada que, valorativamente, será atribuída pelo sujeito cognoscente.

Como resultado, se A mata B, a sanção será a pena de prisão, que será impingida após a análise de todos os fatos, da aferição sobre a existência ou não de causas excludentes da culpabilidade ou da antijuridicidade e tudo mais quanto seja necessário para definir com prudência, a sanção *mediatamente* aplicável.

Também como resultado, se um engenheiro desrespeita uma lei da física no seu projeto de construção de um edifício, fazendo estruturas insatisfatórias para o número de pavimentos, a sanção a este desrespeito será *imediata*, com o desmoronamento do conjunto.

De tudo isto, então, fica evidente que as leis jurídicas, como resultado de uma manifestação cultural, estão eivadas de valores, os quais emergem sob a forma de princípios e regras e impõem uma ação tendente a escaloná-los axiologicamente, de acordo com uma ordem de importância e de

---

[4] *A Interpretação Sistemática do Direito*. São Paulo: Malheiros, 1995, p. 24, nota 3.

conveniência, tendo em vista uma conformação finalística ao caso concreto.

1.2. Conceito de princípio

Na forma já comentada, o Professor Eros Roberto Grau trata os princípios como espécie de normas, diversamente do que entende o Professor Juarez Freitas – ao menos no âmbito terminológico –, o qual diz que existem princípios, normas e valores.

É interessante a posição do eminente filósofo e jurista gaúcho, pois focaliza distinção que pode melhor evidenciar uma natureza imediatamente jurídica.

Com efeito, para o Doutor Juarez Freitas,[5] o conceito de normas corresponderia ao de preceitos jurídicos, os quais seriam menos amplos e "axiologicamente inferiores" aos princípios. Estes, por sua vez, difeririam dos valores *stricto sensu*, por terem a "forma mais elevada de diretrizes", que faltaria aos valores, ao menos em grau e intensidade.

Assim, os princípios seriam como pilares de um edifício, os quais servem como bases de qualquer sistema, atuando, neste mister, como diretrizes orientadoras para a consecução dos objetivos maiores deste mesmo sistema.

Os princípios diferem frontalmente das regras ou normas, pois, caso as regras sejam antagônicas, uma delas deverá ser excluída do sistema em questão. Já os princípios não, porque podem e devem conviver no mesmo sistema, mesmo que entre eles, eventualmente, se configure uma antinomia.

Claus-Wilhelm Canaris,[6] sucessor de Karl Larenz na sua cátedra, apresenta quatro características fundamentais dos princípios, observando que a primeira delas é a possibilidade de oposição e de contradição entre eles.

---

[5] Ob. cit., p. 42.

[6] *Pensamento Sistemático e Conceito de Sistema na Ciência do Direito*. Traduzido por A. Menezes Cordeiro, Lisboa: Fundação Calouste Gulbenkian, 1989, p. 88 e ss.

De fato, na vida jurídica, principalmente no trato do caso concreto, observamos que constantemente princípios entram em choque frontal, surgindo as antinomias ideológicas de mais alto grau, as quais precisam ser dirimidas.

No Direito do Consumidor principalmente, já que é um ramo jurídico completamente eivado de princípios constitucionais, tais antinomias acontecem sempre, pois, nos termos do artigo 170, inciso V, da Constituição Federal, a defesa do consumidor é um dos pilares da ordem econômica, mas a propriedade privada (inciso II do mesmo artigo), a livre concorrência (inciso IV do mesmo artigo) e a busca do pleno emprego (inciso VIII do mesmo artigo) também se encontram na mesma hierarquia formal.

Veja-se, por exemplo, o fato de uma empresa com 500 empregados, que atua no mercado de consumo produzindo fogões possuidores de defeito de concepção, capaz de ocasionar acidentes de consumo (art. 12 do CDC). De posse de um laudo confirmando o defeito, é intentada uma ação coletiva tendente a impedir que o produto seja oferecido aos consumidores. O magistrado terá de valorar e decidir o caso *sub judice*, tendo em um dos pólos a defesa do consumidor e em outro a defesa do pleno emprego, pois, caso defira uma liminar impedindo a comercialização dos fogões, fatalmente muitos empregados necessitarão ser demitidos, até que todas as correções de projeto e de linha de produção sejam concluídas. A hipótese não é caricata, sendo, até mesmo, de fácil ocorrência e, no caso concreto, o juiz terá de optar por um dos princípios, sem que o outro saia do sistema jurídico brasileiro.

O exemplo ilustra com clareza esta peculiaridade dos princípios, os quais preponderarão ou não, conforme as circunstâncias.

Outra característica importante diz respeito ao fato de que os princípios não possuem pretensão de exclusividade, ou seja, na hipótese, por exemplo, de um produto farmacêutico possuir determinado efeito colateral não indicado na bula, seria necessária uma postulação judicial tendente a fazer com que a empresa apresentasse o produto com tais dados, em respeito ao direito de informação. Mas não somente este, também o princípio da boa-fé e, principalmente, o da vulnerabilidade do consumidor seriam fundamentos da decisão judicial, ficando comprovado, assim, que é evidente a característica da não-exclusividade.

A terceira característica básica é a de que os princípios adquirem sentido em uma combinação de complementação e de restrições recíprocas. Veja-se que nas situações concretas que envolvam agentes econômicos e consumidores jamais poderá ser feita uma análise simplista, com base em apenas um princípio. Na forma acima demonstrada, vários tenderão a corroborar uma tese e vários auxiliarão outra, somente deste conflito negativo e dinâmico podendo resultar uma síntese valorativa que procurará espelhar a melhor solução possível.

Por último, precisam os princípios, para a sua realização, de concretização através de subprincípios, dos valores contidos nas regras, ou seja, de preceitos que possuam conteúdo material.

Canaris[7] cita o seguinte exemplo:

"Feita, por exemplo, uma escolha a favor do princípio da culpa, surge, de seguida, a questão das formas de culpa; determinadas estas, mais pormenorizadamente, como dolo e negligência, cabe ainda esclarecer o que se deve entender com isso; de novo são necessários valores autônomos, por exemplo, a propósito do tratamento dos erros sobre proibição, a propósito da questão de saber se o conceito de negligência se deve entender objectiva ou subjectivamente e a propósito da determinação interna do que seja, em determinada situação, o 'cuidado necessário no tráfego'; também surgem novos valores na determinação da bitola de responsabilidade, portanto a respeito do problema de por que grau de culpa se deve responder: se só por dolo, se só até o limite da negligência grosseira ou se só pela diligência exigível, etc.".

---

[7] Ob. cit., p, 97.

Concluindo este último elemento, esclarece o Mestre Canaris:[8]

"(...) que as conseqüências jurídicas quase nunca se deixam retirar, de forma imediata, da mera combinação dos diferentes princípios constitutivos do sistema, mas antes que, nos diversos graus da concretização, surgem sempre novos pontos de vista valorativos autônomos".

Estas as noções fundamentais para a continuidade deste trabalho, as quais sempre convergem para o mesmo ponto, que é a inafastável consideração do Direito como uma ciência valorativa e cultural, a qual não pode ficar adstrita a concepções meramente lógico-formais.

1.3. Princípios constitucionais fundamentais

Quando falamos de princípios aplicáveis ao Código de Defesa do Consumidor, tratamos, também, do estabelecimento de regras de hermenêutica fundamentais para o correto entendimento da Lei Protetiva.

Com efeito, as regras de conduta e as regras de organização do CDC precisam de um "norte" para serem bem entendidas, sendo os princípios, portanto, os pilares do microssistema integrado pelo CDC, pela Lei nº 7.347/85 (Lei da Ação Civil Pública), pela Lei nº 8.884/94 (Lei Anticartel), pelo Código Civil e por outras legislações esparsas.

Assim, os princípios exercem uma função básica, qual seja a de serem os padrões teleológicos do sistema, com base nos quais poderá ser obtido o melhor significado das regras, como peças integrantes de uma engrenagem jurídica que é posta em ação pelas diretrizes maiores que dão movimento ao todo.

---

[8] Ob. cit., p. 99.

De Castro,[9] nestes termos, se manifesta sobre o sentido necessariamente integrado das leis, dizendo que "(...) El sentido de una ley no está creado sólo por ella, sino que resulta de su puesto en el ordenamiento, situación y sentido que tampoco son fijos o invariables, sino que pueden cambiar en función de la situación atual de la norma en el ordenamiento jurídico".

Destarte, a mudança do significado das palavras, a alteração da situação normativa ou a troca dos *standards* objetivos-teleológicos poderão expressar um sentido completamente diverso do originário.

Discorrendo sobre o tema, procura Eduardo Garcia Enterría[10] demonstrar a decadência que assolou os sistemas fechados, caracterizados precipuamente pela sua predominância entrópica, os quais necessariamente foram substituídos por sistemas jurídicos de bases mais sólidas:

"El substracto mismo de la construcción positivista ha desaparecido con ello. No sólo la conciencia jurídica general (que es algo que necesariamente está en la base misma del orden jurídico), se ha visto forzada a postular una justicia extralegal, e incluso ya frecuentemente *contra legem*, sino que además la simple labor técnica de integración de unas leyes elaboradas en tales condiciones dentro del sistema general del ordenamiento exige rigurosamente, con una imperiosidad mucho más enérgica que la que podía darse en relación con los viejos códigos unitarios y sistematizado, una apelación constante a los principios generales del Derecho".

"La superioridad del Derecho Romano sobre otros sistemas jurídicos históricos anteriores o posteriores estuvo justamente, no ya en la mayor perfección de sus leyes (acaso las de Licurgo, o las de cualquier otro de los grandes legisladores mitificados, fuesen superiores), sino en que sus juristas fueron los primeros que se adentraron

---

[9] *Derecho Civil de España.* 2ª ed. Madrid, 1949, p. 462.

[10] *Reflexiones Sobre La Ley e Los Princípios Generales del Derecho.* Cuadernos Civitas, 1986, p. 28/29 e 34/35.

en una jurisprudencia según principios, la cual ha acreditado su fecundidad, e incluso, paradójicamente, su perenidad, y hasta su superior certeza, frente a cualquier código perfecto y cerrado de todos los que la história nos presenta".

Estas sábias palavras expressam, com muita propriedade, o grande significado dos princípios para a correta interpretação constitucional e de todo o sistema jurídico, pelo que passaremos a tentar identificar as linhas mestras que integram o Código de Defesa do Consumidor. Antes, porém, deve ficar esclarecido que a interpretação jamais poderá ser contra a lei, mas sim oposta à literalidade dela, quando seus termos rígidos afrontarem o sistema como um todo.

1.4. O princípio da igualdade

Conquanto não seja opinião original nossa, os princípios da igualdade e da liberdade norteiam o Estado de Direito, pois, ao lado da fraternidade, conduzem à configuração de um dos principais fundamentos da República Federativa do Brasil, qual seja, "a dignidade da pessoa humana".

O Código de Defesa do Consumidor veio para confirmar, de maneira concreta, o princípio da igualdade, pois surgiu para cumprir o objetivo maior de igualar os naturalmente desiguais, jamais podendo acontecer o inverso, isto é, desigualar os iguais.

Verificou-se, ao longo da história, que a dominação é uma característica do ser humano, sendo posição confortável para o seu executor, pois conduz a uma situação de cada vez maior acúmulo de conforto e de poder para ele, tendo como conseqüência o cada vez maior desprestígio do dominado. Este, por sua vez, carente da proteção entregue pelo dominador, é compelido a se submeter a toda sorte de imposições, como única forma de atender aos seus anseios mínimos.

O mesmo acontece no campo do mercado de consumo. O consumidor, no mundo moderno, foi obrigado a estar submisso aos fornecedores de produtos ou de serviços, como única forma de satisfazer suas necessidades básicas, ingressando, assim, em uma posição de dominado frente às imposições de falta de qualidade, de carência de informação, de inexistência de conhecimentos específicos e outras, impostas pelo dominador-fornecedor, o qual tem compromisso, na maioria das vezes, com o lucro e continuidade da sua atividade.

Esta situação de desequilíbrio, todavia, é prejudicial para o convívio harmônico como um todo, pois fere o fundamento maior da dignidade da pessoa humana, motivo pelo qual surgiu o CDC, como forma de igualar integrantes da relação de consumo, munindo o consumidor de arma eficaz para a obtenção de respeito e, conseqüentemente, de força para impor sua vontade.

O princípio da igualdade, portanto, está na "norma-objetivo" do artigo 4º do CDC (inciso III), onde consta previsto o equilíbrio das relações entre consumidores e fornecedores.

A Lei Protetiva, então, veio confirmar a célebre e consagrada frase de Lacordaire, citada por Adalberto Pasqualotto,[11] a qual diz que na luta entre o forte e o fraco "é a liberdade que escraviza e a lei que liberta".

Muitos apresentam o argumento de que em países mais desenvolvidos não existe código de defesa do consumidor – em verdade nos EUA existem leis estaduais –, olvidando-se que, em tais países, se formou toda uma tradição consumerista, da qual resultou a existência de organização e força do lado dos consumidores, pelo que seria dispensável uma lei que viesse a desigualar os iguais.

Veja-se, a propósito, o comentário de José Geraldo Brito Filomeno[12] sobre o assunto:

---

[11] Defesa do Consumidor. *Revista Direito do Consumidor,* volume 6, São Paulo: RT, p. 35.

[12] *Código Brasileiro de Defesa do Consumidor.* 3ª ed. Rio de Janeiro: Forense Universitária, p. 40.

"Não é por acaso, aliás, que o chamado 'movimento consumerista', tal qual nós o conhecemos hoje, nasceu e se desenvolveu a partir da segunda metade do século XIX, nos Estados Unidos, ao mesmo tempo em que os movimentos sindicalistas lutavam por melhores condições de trabalho e do poder aquisitivo dos chamados 'frigoríficos de Chicago'.

Ou seja: o sucesso da luta por melhores salários e condições de trabalho certamente propiciaria, como de resto propiciou, melhores condições de vida. Somente em 1891, com a criação da *Consumers League* em Nova York, é que se cindiu o movimento trabalhista-consumerista, cada qual enveredando pelo seu próprio caminho, mas com propostas bastante semelhantes, sobretudo quanto aos instrumentos de tutela de seus interesses".

Em assim sendo, fica fácil de compreender os objetivos maiores do CDC e a sua significativa importância para o estabelecimento do princípio da igualdade.

De fato, o Estado moderno passou a ser um *Estado-Promotor* ou *Estado-Providência*, no dizer de Alcides Tomasetti,[13] sendo que "promover – dentro da linguagem comum e também na terminologia tecnojurídica – é mais do que 'defender' e mais do que 'proteger'o consumidor". Promover, então, seria implementar concretamente determinados objetivos, extrapolando, desta forma, o conceito de igualdade abstratamente considerado, para atingir a própria igualdade material.

Aliás, neste sentido é a lição de Paulo Bonavides,[14] o qual assim se manifesta:

"Não obstante as dificuldades que embaraçam a isonomia assim concebida, é nesse rumo que caminha a jurisprudência das Cortes Constitucionais da Europa, nomeadamente a de Karlsruhe na Alemanha.

---

[13] A Configuração Constitucional e o Modelo Normativo do CDC. *Revista Direito do Consumidor*, volume 14. São Paulo: RT, p. 28.

[14] *Curso de Direito Constitucional*. 4ª ed. São Paulo: Malheiros, p. 304.

Num de seus arestos já se disse que quem 'quiser produzir a igualdade fática, deve aceitar por inevitável a desigualdade jurídica'.

O Estado social é enfim Estado produtor de *igualdade fática*.

(...) Obriga o Estado, se for o caso, a prestações positivas; a prover meios, se necessário, para concretizar comandos normativos de isonomia. Noutro lugar já escrevemos que a isonomia fática é o grau mais alto e talvez mais justo e refinado a que pode subir o princípio da igualdade numa estrutura normativa de direito positivo". (grifo nosso).

Tais prestações positivas emergem no CDC sob as mais variadas formas, seja no âmbito da parte de direito material ou na de processo, merecendo transcrição os comentários de Luis Renato Ferreira da Silva:[15]

"Assim, cumpre ao aplicador do Código de Defesa do Consumidor, concretizar os conceitos indeterminados que permeiam esta lei, de modo a implementar a ideologia constitucional, marcada, como este estudo tenta demonstrar, pela noção de igualdade. Ao concretizar cláusulas gerais como a boa-fé, além da objetividade que se deve alcançar a esta noção é necessário o exame concreto da realidade dos interessados, aparando-se arestas de desigualdades, ainda que, à primeira vista, sejam estabelecidas regulamentações que acolham estas dessemelhanças.

A verificação da vantagem exagerada, a tornar abusiva a cláusula que a consagre; a inversão do ônus da prova como meio de facilitação da defesa do consumidor; a desconsideração da personalidade jurídica da sociedade fornecedora para evitar o abuso de direito em detrimento do consumidor, são exemplos de concretizações necessárias nas quais devem estar presentes as regras constitucionais.

[15] O Princípio da Igualdade e o Código de Defesa do Consumidor. *Revista Direito do Consumidor*, volume 8, São Paulo: RT, p. 156.

Nenhuma delas, seguramente, poderá ser compatível com a Constituição se partir da noção de que a igualdade é para a aplicação da lei e não para a sua construção. A compreensão dos regramentos do Código de Defesa do Consumidor passa pelo entendimento de que seus destinatários encontram-se descompassados na sociedade e a consecução do primado da igualdade implica em tratamento tendente à diminuição desta dessemelhança. É sob esta ótica que se aceitam regras aparentemente contraditórias com a Constituição por privilegiarem certa classe de sujeitos, quando, na verdade, estão a inserir-se na moderna noção de igualdade, quer como conteúdo da lei expressa, quer como critério direto de valoração constitucional aplicável casuisticamente".

Como conclusão, e com a devida *venia*, em descompasso com a realidade fática e jurídica, estão aqueles que pretendem uma igualdade meramente formal, na qual o mercado de consumo não seria gerido por normas (princípios e regras) intervencionistas e estaria entregue à própria sorte, com os consumidores sem um mínimo de organização e os agentes econômicos fortemente unidos.

Não bastasse isso, nas palavras de Paulo Bonavides,[16] "princípio constitutivo da ordem constitucional, como disse Konrad Hesse, a igualdade tem, segundo ele, essa peculiaridade e significação: é elemento essencial de uma Constituição aberta; é também, na frase de outro jurista igualmente insigne, a porta de penetração por onde 'a realidade social positiva e impregnada de valores diariamente ingressa na normatividade do Estado.'". Ou seja, é o princípio fundamental para que o sistema jurídico brasileiro – o Brasil possui um sistema aberto, no qual as cláusulas gerais, os conceitos indeterminados, as lacunas e antinomias podem ser informados constantemente, diversamente do sistema pregado por Hans Kelsen – continue em constante homeostase (auto-equilíbrio e coerência interna) e, assim, não venha a sucumbir,

---

[16] Ob. cit., p. 303.

conforme acontece fatalmente com os sistemas fechados que não admitem o ingresso de informações.

1.5. Princípio da liberdade

O princípio da liberdade é aqui referido como conseqüência lógica e imediata do princípio da igualdade, pois não é possível admitir a existência de liberdade sem igualdade.

Na forma já vista, a desigualdade gera a escravidão do mais fraco por parte do dominador, haja vista que terá de se submeter ao arbítrio de quem possui mais poder em determinada relação social.

Liberdade significa, portanto, plena possibilidade de ação no meio social, desde que tal atitude não atinja o mesmo direito de liberdade que é reconhecido aos demais integrantes da sociedade.

Muito se discute, na jurisprudência, sobre a liberdade de contratar e o dirigismo contratual, alguns dizendo que o direito de formular livremente um contrato não pode ser atacado pelo intervencionismo do Estado.

Se é que o argumento possuía grande valor no passado, maior valor possui na atualidade o argumento de que do consumidor não pode ser retirada a sua liberdade de correto entendimento e de adequada disposição sobre as cláusulas contratuais. Em realidade, a antes alegada livre contratação era apenas uma liberdade formal que de livre nada tinha.

O dirigismo contratual em contratos de massa, então, veio para estabelecer uma liberdade real, na qual, respeitado o princípio da igualdade, se afasta a escravidão imposta por contratos confeccionados em laboratórios jurídicos e que, na maioria das vezes, tendem ao exclusivo lucro do fornecedor e ao prejuízo do consumidor.

De outro lado, o princípio da liberdade serve principalmente como padrão teleológico para a correta aplicação do CDC, pois somente prevalecerá eventual aplicação da plena liberdade em situação onde os envolvidos sejam naturalmente iguais.

Por exemplo, é grande a discussão doutrinária sobre a aplicação do Código de Defesa do Consumidor a pessoas jurídicas, em que pese existir norma expressa no sentido, qual seja o artigo 2° do CDC, que diz ser consumidor "toda pessoa física ou jurídica que adquire ou utiliza produto ou serviço como destinatário final".

As controvérsias são enormes, porque uma interpretação meramente literal e gramatical da norma pode redundar em desrespeito ao intuito teleológico do Código. Veja-se que a lei foi criada para igualar os desiguais, pelo que não seria adequado permitir que uma pessoa jurídica se beneficiasse das normas protetivas do CDC, em detrimento de outro fornecedor. Seria autorizar o aplicador da lei a chancelar uma ilegalidade, além do que se configuraria uma flagrante ilegitimidade, tendo em vista o completo distanciamento de conduta, nestes moldes adotada, dos ditames axiológicos maiores.

Seria justificável que uma grande empresa ingressasse contra outra, até mesmo de porte inferior, alegando a aplicação do CDC e dizendo que o contrato contém cláusulas abusivas que devem ser anuladas e excluídas? Obviamente que não, pois, na hipótese, surgiria o princípio teleológico da liberdade, o qual indicaria que todos são livres para formular seus pactos negociais, não podendo o Estado intervir neles, a menos quando esteja configurada uma situação de desigualdade. Neste último caso sim, a única postura exigível do Estado-Promotor é a intervenção, tendente a fazer valer, também, o princípio da liberdade do consumidor, que não pode ser escravizado e se submeter ao abuso e à imposição de condutas ditadas pelos agentes econômicos.

Cláudia Lima Marques[17] analisa com muita clareza a matéria, dizendo que:

---

[17] *Contratos no Código de Defesa do Consumidor*. 2ª ed. São Paulo: RT, 1995, p. 39 e 40.

"(...) na concepção tradicional de contrato, a relação contratual seria obra de dois parceiros em posição de igualdade perante o direito e a sociedade, os quais discutiriam individual e *livremente* as cláusulas de seu acordo de vontades. Seria o que hoje denominaríamos de contratos paritários ou individuais. Contratos paritários, discutidos individualmente, cláusula a cláusula, em condições de igualdade e com o tempo para tratativas preliminares, ainda hoje existem, mas em número muito limitado e geralmente nas relações entre dois particulares (consumidores), mais raramente, entre dois profissionais e somente quando de um mesmo nível econômico". (grifo nosso).

O princípio da liberdade, portanto, é plenamente aplicável no CDC, mas, necessariamente, acrescido a outros, como o da igualdade e o da boa-fé, pode resultar na restrição da liberdade de conduta de um dos envolvidos na relação de consumo, caso o reconhecimento axiomático, e não o teleológico do princípio implique, como conseqüência, a infração à liberdade do outro envolvido, relevada a sua vulnerabilidade.

1.6. Princípio da boa-fé objetiva

Alguns autores apresentam a "boa-fé" como um mero conceito jurídico indeterminado, o qual deve ser interpretado, a partir do caso concreto, tendo em vista a obtenção do melhor critério de justiça.

Entendemos, todavia, que a expressão "boa-fé" possui importância muito maior que a de um mero conceito jurídico, sendo, verdadeiramente, um princípio, uma diretriz a ser seguida, quando da interpretação das normas e também da sua concretização.

A boa-fé objetiva traduz a necessidade de que as condutas sociais estejam adequadas a padrões aceitáveis de procedimento que não induzam a qualquer resultado danoso para o indivíduo, não sendo perquirido da existência de culpa ou de dolo, pois o relevante na abordagem do tema é a absoluta ausência de artifícios, atitudes comissivas ou omissivas, que possam alterar a justa e perfeita manifestação de vontade dos envolvidos em um negócio jurídico ou dos que sofram reflexos advindos de uma relação de consumo.

A festejada Professora Cláudia Lima Marques[18] comenta que o CDC:

> "(...) trouxe como grande contribuição à exegese das relações contratuais no Brasil a positivação do princípio da boa-fé objetiva, como linha teleológica de interpretação, em seu art. 4º, III e como cláusula geral, em seu art. 51, IV, positivando em todo o seu corpo de normas a existência de uma série de deveres anexos às relações contratuais".

Conforme manifestado neste ensinamento doutrinário, vários deveres anexos decorreram do princípio da boa-fé objetiva, os quais se encontram espalhados pelo CDC, emergindo sob a forma do dever de completa transparência, de integral informação ao consumidor (arts. 30, 31 e outros do CDC), da não-aceitação de linguagem complexa (arts. 54, § 3º, e outros, do CDC), da interpretação em favor do consumidor, em caso de dúvida no tocante a cláusulas contratuais (art. 47 do CDC), o dever de cooperação (obrigação do fornecedor de agir com lealdade e de auxiliar o consumidor, proibindo qualquer conduta tendente a dificultar o cumprimento da obrigação, por parte do outro contratante) e muitos outros que estão previstos na Lei Protetiva.

É importante frisar, na abordagem do tema em questão, que o contrato não pode mais ser aceito como uma manifestação isolada do contexto social, na qual dois pólos executam um negócio jurídico do qual dispõem plenamente.

O massificado mercado de consumo atual obriga a uma nova e atualizada maneira de observar a vida moderna, evidenciado que ficou que o contrato é um mecanismo funda-

---

[18] *Contratos no Código de Defesa do Consumidor*, ob. cit., p. 83.

mental para a circulação rápida e eficaz das riquezas, as quais retornam para a sociedade sob a forma de salários ou de investimentos na realização das políticas públicas do Estado.

Com efeito, existiriam dois enfoques para a consideração do contrato como instituição jurídica: um externo e outro interno.

Discorrendo sobre o assunto, em brilhante artigo, o Ministro Ruy Rosado de Aguiar Júnior[19] assim se manifesta:

"A aproximação dos termos ordem econômica – boa-fé serve para realçar que esta não é apenas um conceito ético, mas também econômico, ligado à funcionalidade econômica do contrato e a serviço da finalidade econômico-social que o contrato persegue. São dois os lados, ambos iluminados pela boa-fé: externamente, o contrato assume uma função social e é visto como um dos fenômenos integrantes da ordem econômica, nesse contexto visualizado como um fator submetido aos princípios constitucionais de justiça social, solidariedade, livre concorrência, liberdade de iniciativa etc., que fornecem os fundamentos para uma intervenção no âmbito da autonomia contratual; internamente, o contrato aparece como o vínculo funcional que estabelece uma planificação econômica entre as partes, às quais incumbe comportar-se de modo a garantir a realização dos seus fins e a plena satisfação das expectativas dos participantes do negócio. O art. 4º do Código se dirige para o aspecto externo e quer que a intervenção na economia contratual, para a harmonização dos interesses, se dê com base na boa-fé, isto é, com a superação dos interesses egoísticos das partes e com a salvaguarda dos princípios constitucionais sobre a ordem econômica através de comportamento fundado na lealdade e na confiança".

A magnífica exposição doutrinária demonstra, portanto, que não mais são aceitáveis aquelas alegações comumente encontradas em juízo, no sentido de que o Estado não pode

---

[19] A Boa-fé na Relação de Consumo. *Revista Direito do Consumidor*, volume 14, São Paulo: RT, p. 22.

intervir nos contratos. Poderá sim, desde que seja necessário o comando da Lei para corrigir eventual desigualdade, pois o princípio maior da igualdade é o fundamento de todos os demais, pelo que deve sempre ser preservado.

Infelizmente, alguns agentes econômicos não compreenderam, ainda, que um contrato limpo, uma conduta empresarial clara e transparente, um procedimento leal, induzem ao retorno do consumidor para fazer novos negócios.

Além disso, também não foi compreendido por alguns empresários que um contrato claro facilita a sua aceitação, o que redunda na maior possibilidade de comercialização e de circulação de riqueza. Isto traz como conseqüência mais investimentos e lucro para as empresas, que captam mais dinheiro, podendo proporcionar melhores salários para os empregados, atingindo o país, assim, o desejado desenvolvimento integral e humanizado.

Aliás, diga-se neste compartimento do trabalho, que a correta satisfação das necessidades do consumidor integra inclusive o conceito de qualidade de uma empresa. O famoso consultor internacional W. Edwards Deming,[20] que revolucionou a indústria japonesa, assim aborda o tema:

"O consumidor é a parte mais importante da linha de produção.

(...) O mais importante é o princípio de que o objetivo das pesquisas de mercado é entender as necessidades dos consumidores, seus desejos e criar produtos e serviços que lhes propiciem uma vida melhor no futuro. Um segundo princípio é que ninguém pode adivinhar o prejuízo futuro de um negócio, gerado por um cliente insatisfeito. O custo de substituição de um item defeituoso na linha de produção é relativamente fácil de ser estimado, mas o custo de um item defeituoso que é entregue a um cliente desafia qualquer medida.

(...) *Triângulo de interação* – Nem a construção do produto nem os testes de laboratório ou de campo são sufi-

---

[20] *Qualidade: a Revolução da Administração*. Rio de Janeiro: Marques Saraiva, 1990, p. 129 e 130.

cientes para descrever suas qualidades e como será seu desempenho, ou se será aceito. A qualidade deve ser medida através da interação de três participantes, conforme se vê na Gig. 8: (1) O produto em si; (2) O usuário e como ele usa o produto, como o instala, como cuida dele (exemplo: o cliente permitiu que caísse poeira sobre um rolamento), o que ele foi levado (por ex., pela propaganda) a esperar; (3) As instruções de uso, treinamento do cliente e treinamento da assistência técnica, os serviços disponíveis para reparos, a disponibilidade das peças. O vértice superior do triângulo não determina, por si só, a qualidade. Estou me lembrando de um velho poema japonês:

Kane ga naru ka ya
Shumoku ga naru ka
kane to shumoku no ai ga naru

É o sino que toca,
É o badalo que toca,
Ou é o encontro dos dois que toca?"

Esta é a noção exata de *qualidade*, ou seja, corresponde ao entendimento de que o produto ou serviço de fato satisfará os anseios do seu adquirente ou usuário, jamais podendo o fornecedor ter a ilusão de que eventual "maquiagem" ou subterfúgio não serão identificados pelos seus parceiros do mercado de consumo.

Portanto, um contrato deve ser o mais atrativo possível, assim como atrativas são as embalagens dos produtos de um supermercado, por exemplo. Com o diferencial de que o conceito de "atrativo" em um contrato corresponde à sua condição de instrumento de fácil leitura, clareza, simplicidade e, principalmente, repleto de boa-fé.

Em assim sendo, e valendo-nos das lições do Ministro Ruy Rosado,[21] podemos identificar três funções básicas do princípio da boa-fé objetiva, quais sejam, as de que serve como padrão teleológico, apresentando critérios para uma melhor

---

[21] *Revista Direito do Consumidor*, ob. cit., p. 25 e 26.

interpretação; serve como criador de deveres secundários ou anexos; exerce função limitadora de direitos, evitando que as teses voluntaristas, que pregam a liberdade contratual total, possam levar a maiores situações de desequilíbrio social.

O Superior Tribunal de Justiça tem resolvido questões importantes, valendo-se deste princípio, *verbis*:

> "Plano de saúde. Limite temporal de internação. Cláusula abusiva.
>
> 1. É abusiva a cláusula que limita no tempo a internação do segurado, o qual prorroga a sua presença em unidade de tratamento intensivo ou é novamente internado em decorrência do mesmo fato médico, fruto de complicações da doença, coberto pelo plano de saúde.
>
> 2. O consumidor não é senhor do prazo de sua recuperação, que, como é curial, depende de muitos fatores, que nem mesmo os médicos são capazes de controlar. Se a enfermidade está coberta pelo seguro, não é possível, sob pena de grave abuso, impor ao segurado que se retire da unidade de tratamento intensivo, com o risco severo de morte, porque está fora do limite temporal estabelecido em uma determinada cláusula. Não pode a estipulação contratual ofender o princípio da razoabilidade, e se o faz, comete abusividade vedada pelo art. 51, IV, do Código de Defesa do Consumidor. *Anote-se que a regra protetiva, expressamente, refere-se a uma desvantagem exagerada do consumidor e, ainda, a obrigações incompatíveis com a boa-fé e a eqüidade.*
>
> 3. Recurso Especial conhecido e provido. (REsp. nº 158.728, Rel. Ministro Carlos Alberto Menezes Direito, julgado em 16.03.1999)" (Os grifos são nossos).

> "Recurso Especial nº 236.469 – SP (1999/0098513-3)
> Civil. Apólice de seguro. Plano lar nacional. Furto em residência, art. 1092 e parágrafo único do Código Civil. Emissão de recibo por corretora. Pagamento em parcela única pelo segurado residencial. Efetivo pagamento do prêmio. Ausência de repasse pela corretora. Art. 12, parágrafo único, do Decreto-Lei n. 73/66. Obrigação da

seguradora que nasce com a emissão da apólice, pela identificação do contrato.

O cancelamento automático de apólice de seguro, previsto no § 5° do art. 6° do Decreto n. 60.459/67, não tem acolhida no art. 1450 do CC, pois foi extrapolada a função regulamentadora do decreto.

Não há no direito brasileiro o princípio da suspensão da eficácia do contrato de seguro. Se a apólice já foi entregue e o beneficiário de contrato de seguro residencial agiu com absoluta boa-fé, procedendo ao pagamento da parcela única do prêmio à corretora de seguros, não pode este ser responsabilizado pelo repasse da parcela respectiva à seguradora. Tal hipótese é diversa daquela em que há má prestação de serviço da corretora, a qual se limita a emitir recibo provisório sem posterior respaldo da seguradora com emissão de apólice de seguro.

VOTO:

A princípio entendo que a emissão de recibo pela corretora de seguros, sucedida pela remessa da apólice de seguro vincularia a seguradora, porque está sendo comercializado um produto da seguradora por terceiro que tem autorização desta para assim proceder, ainda que como intermediária, além do que, de forma contrária, estariam violadas a *boa-fé objetiva e o direito de informação do consumidor*. (grifos nossos)

Brasília (DF), 03 de dezembro de 2001(Data do Julgamento). Ministro Ari Pargendler – Presidente. Ministra Nancy Andrighi – Relatora".

1.7. Princípio da vulnerabilidade

A vulnerabilidade do consumidor é um conceito bastante complexo, pois abrange diversos enfoques, os quais se confirmam concretamente no mercado de consumo.

Vulnerável é um conceito jurídico de direito material e busca evidenciar o significado daquela situação, segundo

Aurélio Buarque de Holanda Ferreira,[22] "pela qual alguém ou algo pode ser atacado".

Com efeito, o consumidor pode ser atacado de várias maneiras, sofrendo pressões que invadem a sua privacidade, na maioria das vezes sendo o alvo de maciças publicidades que criam necessidades de consumo antes inexistentes.

Os mecanismos de convencimento e de manipulação psíquica, na atualidade, são variados, acontecendo por intermédio dos meios de comunicação de massa, os quais criam representações ideais de situações de vida que induzem o consumidor a aceitá-las como reais.

Neste afã de impor produtos ou serviços, os agentes econômicos usam de técnicas muito bem estudadas de *marketing*, as quais induzem o expectador a realizar condutas previamente determinadas, sem que a pessoa perceba. Estas maneiras subliminares de incutir idéias na psiquê humana geralmente não são identificadas com facilidade, pelo que a reiteração das mesmas passa, com o tempo, a integrar o subconsciente do indivíduo, determinando que ele proceda da forma originalmente planejada.

Não se trata de qualquer prognóstico futurista, mas da realidade, motivo pelo qual o consumidor, por este primeiro aspecto, é considerado vulnerável, ou seja, pode ser facilmente atacado na sua livre manifestação de vontade, relativamente à escolha das suas prioridades e necessidades, cabendo à lei defendê-lo, sempre com o objetivo de fazer valer o princípio da igualdade.

Alberto do Amaral Junior[23] disserta com muita propriedade sobre o assunto, dizendo que: "a formação de grandes conglomerados, a alteração dos mecanismos de formação dos preços e a montagem de vastos aparatos publicitários capazes de criar desejos e forjar necessidades trouxe à baila a problemática da proteção ao consumidor, como elemento indispen-

---

[22] *Novo Dicionário Aurélio da Língua Portuguesa*. 2ª ed. Rio de Janeiro: Nova Fronteira, p. 1792.

[23] *A Boa-fé e o Controle das Cláusulas Contratuais Abusivas nas Relações de Consumo*. *Revista Direito do Consumidor*, volume 6, São Paulo: RT, p. 28.

sável da evolução econômica atual (...)", identificando, assim, a vulnerabilidade do consumidor no plano econômico.

Esclarece o mesmo autor que esta vulnerabilidade, aliás prevista expressamente no artigo 4º, inc. I, do CDC, também emerge sob o enfoque da fragilidade técnico-profissional dos indivíduos-consumidores.

De fato, cada área do conhecimento já possui naturalmente suas peculiaridades, somente sendo oportunizado ao estudioso específico de determinada matéria o domínio integral das causas, conceitos e conseqüências dos fenômenos passíveis de ocorrência nesta mesma área. Transferindo tal singela constatação para o mundo moderno, no qual o número de inventos, descobertas, pesquisas e novas necessidades surgem com rapidez espantosa, temos a noção exata da vultosidade dos avanços experimentados pela cultura humana.

Fica muito fácil, então, concluir que o indivíduo, a pessoa, o vulnerável-consumidor, não tem como ser equiparado aos fornecedores de produtos e serviços também por este aspecto, pois estes detêm os conhecimentos técnicos e profissionais específicos atinentes às suas atividades, o que induz à óbvia aceitação de que o consumidor deve ser protegido.

Um terceiro enfoque seria o relativo ao plano jurídico, já que, não bastasse todo o aparato apresentado, os agentes econômicos se valem dos chamados contratos estandardizados, os contratos de massa, os quais primam pela complexidade, pela tecnicidade, pela falta de esclarecimentos suficientes e de transparência, tudo isto com o intuito de dificultar a manifestação de vontade livre e consciente do consumidor.

Nesta última abordagem, ainda sofre o consumidor quando pretende fazer valer seus poucos direitos advindos do contrato, haja vista que os fornecedores obviamente também possuem organismos jurídicos preparados para os confrontos judiciais e extrajudiciais, mais uma vez não existindo como comparar a posição fática entre os dois pólos da relação de consumo.

Sobre este derradeiro enfoque, Adroaldo Furtado Fabrício[24] esclarece que:

"(...) há mais, a imensa dificuldade de acesso individual dos lesados, em regra pobres, humildes e desinformados, aos órgãos jurisdicionais. E, mesmo para os que superem essas limitações e cheguem a colocar à face do juiz a sua queixa, resta a monumental e desanimadora diferença de forças, meios e recursos que separa o litigante eventual do habitual. Aquele vai a Juízo, talvez, uma ou duas vezes ao longo de toda a sua vida, nada sabe das coisas da Justiça; seu nível de informação sobre a máquina judiciária, com o imponente complexo de juizados, cartórios, advogados, é praticamente nulo. Este outro, o litigante habitual, bem ao contrário, está permanentemente à barra dos pretórios e tem com eles a maior intimidade. Tem a seu favor a experiência acumulada dos litígios passados e a preparação sempre mais aprimorada para os futuros, o 'saber de experiências feito', os quadros próprios e eficientes de assessoria jurídica e procuratório judicial; está melhor aparelhado à produção de provas do seu interesse; mais facilmente captará a simpatia do poder político, do econômico e da mídia – vantagens extraprocessuais estas últimas, sem dúvida, mas cuja importância seria ingênuo negligenciar".

Por todos estes fatos, bastante evidentes, é que o consumidor é considerado naturalmente vulnerável,[25] não sendo compreensível, como alguns ainda insistem em não reconhecer a legitimidade dos entes coletivos para sua tutela, somente podendo ser atribuída conduta neste sentido à não-constatação de que os tempos mudaram, e mudaram muito, ou ao fato de que defendem interesses específicos, que não se coadunam com o princípio maior da igualdade.

---

[24] As Novas Necessidades do Processo Civil e os Poderes do Juiz. *Revista Direito do Consumidor*, volume 7, São Paulo: RT, p. 31.

[25] Sobre o princípio da vulnerabilidade, ver a obra de Paulo Valério Dal Pai Moraes. *O Princípio da Vulnerabilidade nos Contratos, na Publicidade e nas Demais Práticas Comerciais*. Porto Alegre: Síntese, 1999.

Apenas em rápida abordagem, importante salientar que a vulnerabilidade é um conceito de direito material e geral, enquanto a hipossuficiência corresponde a um conceito processual e particularizado, expressando a situação de dificuldade de litigar, seja no tocante à obtenção de meios suficientes para tanto, seja no âmbito da consecução das provas necessárias para a demonstração de eventuais direitos.

Arruda Alvim, Thereza Alvim, Eduardo Arruda Alvim e James Marins[26] explicam que:

> "(...) a vulnerabilidade do consumidor não se confunde com a hipossuficiência que é característica restrita aos consumidores que além de presumivelmente vulneráveis, vêem-se agravados nessa situação por sua individual condição de carência cultural, material ou, como ocorre com freqüência, ambas. Citando Antônio Herman Benjamin 'vulnerabilidade é um traço universal de todos os consumidores, ricos ou pobres, educadores ou ignorantes, crédulos ou espertos. Já a hipossuficiência é marca pessoal, limitada a alguns – até mesmo a uma coletividade – mas nunca a todos os consumidores'".

Também cabe trazer à colação o conceito de vulnerabilidade apresentado pelos autores acima citados, os quais dizem que "a vulnerabilidade do consumidor é incindível do contexto das relações de consumo e independe de seu grau cultural ou econômico, não admitindo prova em contrário, por não se tratar de mera presunção legal. É, a vulnerabilidade, qualidade intrínseca, ingênita, peculiar, imanente e indissociável de todos que se colocam na posição de consumidor, em face do conceito legal, pouco importando sua condição social, cultural ou econômica, quer se trate de consumidor-pessoa jurídica ou consumidor-pessoa física", apenas cabendo ressalvar este último aspecto, a fim de mencionar que entendemos aplicável o CDC somente por exceção às pessoas-jurídicas, na forma já comentada.

---

[26] *Código do Consumidor Comentado.* 2ª ed. São Paulo: RT, p. 45, nota 7.

Por último, deve ser dito que o princípio da vulnerabilidade representa a defesa dos princípios constitucionais da função social da propriedade, da defesa do consumidor, da redução das desigualdades regionais e sociais e da busca do pleno emprego, insculpidos no artigo 170 da CF, cabendo ressaltar que os empregos somente surgem caso existam consumidores para investir nas empresas, as quais repassarão estas riquezas novamente para os consumidores, que são os seus empregados.

1.8. Princípio da repressão eficiente aos abusos

A noção de abuso está intimamente ligada ao conceito de direitos, pois abusar significa exercer de maneira desproporcional e contrária aos critérios de igualdade determinada conduta reconhecida, em princípio, como lícita.

Vale aqui, então, a velha lição de que nossos direitos acabam exatamente na medida em que começam a prejudicar os direitos dos demais indivíduos integrantes do corpo social, ou seja, uma conduta que era lícita na origem, torna-se contrária ao Direito, merecendo restrição advinda da lei.

A magistrada Genacéia da Silva Alberton,[27] em excelente artigo sobre a desconsideração da pessoa jurídica, traz esclaredora conceituação, dizendo que abuso deve ser reconhecido "sempre que um titular de direito escolhe o que é mais danoso para outrem, não sendo mais útil para si ou adequado ao espírito da instituição (...)", ocorrendo, no caso de pessoas jurídicas, sempre que o "exercício de direitos" venha "ferir a finalidade social a que se destina" a empresa.

O conceito se reporta, portanto, ao princípio constitucional da função social da propriedade, pelo que os direitos dela advindos devem ser gozados com adequação, sempre

---

[27] A Desconsideração da Pessoa Jurídica no Código do Consumidor – Aspectos Processuais. *Revista Direito do Consumidor*, volume 7, São Paulo: RT, p. 20.

observado o fim precípuo que possui a propriedade de quem possui os bens de produção.

A transcrição feita ressalta, também, uma necessária correspondência do conceito de abusividade ao princípio da proporcionalidade, o qual é ferido, segundo Paulo Bonavides,[28] "toda vez que os meios destinados a realizar um fim não são por si mesmos apropriados e/ou quando a desproporção entre meios e fim é particularmente evidente, ou seja, manifesta". Citando Manfred Gentz, o princípio pretende instituir "a relação entre fim e meio, confrontando o fim e o fundamento de uma intervenção com os efeitos desta para que se torne possível um controle do excesso".

Procura o constitucionalista citado ressaltar, então, que deve ser coibido o arbítrio, bem como deve ser observada a necessidade, ou seja, o "meio deve ser dosado para chegar ao fim pretendido" de determinada conduta. Isto justifica a intervenção da lei, sempre que abusos estejam sendo praticados no mercado de consumo, seja por parte do fornecedor ou do consumidor.

É necessário comentar este último aspecto, pois o consumidor igualmente pode cometer abusos, os quais devem ser reprimidos, exatamente para que tais excessos de maus consumidores não venham a onerar os bons consumidores, os quais o Código visa a proteger.

Tivemos oportunidade de analisar situação fática na qual o consumidor adquiriu programas de computador, violou o lacre plástico, levou para sua casa e retornou no dia seguinte pretendendo a devolução do dinheiro porque o produto não teria se compatibilizado com o computador. O fornecedor perquiriu-nos sobre o dever de devolução do numerário, ocasião em que apresentamos manifestação contrária, pois, com grande probabilidade de verdade, o mau consumidor teria copiado o programa e pretendia obter tal vantagem gratuitamente, com o que o Direito não pode concordar.

---

[28] Ob. cit., p. 315.

É relevante este tipo de abordagem, pois jamais podemos esquecer que o mercado de consumo se constitui em um sistema perfeitamente ligado, no qual a empresa fornecedora não assumirá os prejuízos, mas sim os repassará aos demais consumidores, socializando os danos eventualmente impingidos por uma situação específica. No caso, se a empresa recebesse o produto deslacrado, não mais poderia revendê-lo, pelo que internalizaria este prejuízo para posterior repasse.

Assim, reprimir os abusos do mau consumidor significa proteger a empresa e também o bom consumidor.

Os abusos por parte dos fornecedores podem acontecer de inúmeras maneiras, seja na publicidade (art. 37, § 2º, do CDC), seja na oferta (arts. 30 e 31 do CDC), nas situações discriminadas no artigo 39 do Código (das práticas abusivas) e principalmente nos contratos, cujas previsões, predominantemente, estão nos artigos 51 e seguintes da Lei Protetiva.

Tratamos, primeiramente, do problema dos contratos, a fim de demonstrar como é pródigo o ser humano na criação de situações enganosas, com o objetivo de auferir vantagens indevidas. Para tanto, basta que sejam relevadas as características dos atuais contratos de adesão, os quais possuem em sua natureza predicados que naturalmente já colocam o consumidor em posição de excessiva inferioridade.

Paulo Heerdt,[29] referindo-se a Orlando Gomes, apresenta o contrato de adesão como informado pelos princípios da unidade e invariabilidade do conteúdo; da complexidade ou tecnicismo; da generalidade ou permanência da oferta; da superioridade ou prepotência econômica; do estado de necessidade.

Decorrência lógica do princípio da invariabilidade e da unidade, juntamente com o princípio da generalidade, é o reconhecimento de que os contratos-padrão serão oferecidos a um grande número de pessoas.

Em assim sendo, é feito um cômputo atuarial tendente a considerar todos os possíveis reflexos das cláusulas pre-

---

[29] Os Contratos de Adesão no Código de Defesa do Consumidor. *Revista Direito do Consumidor*, volume 6, São Paulo: RT, p. 79.

viamente dispostas no mercado de consumo. Sempre com vista à obtenção de maiores lucros e menores custos, serão igualmente relevadas as possibilidades de contestações aos termos do "pacto", bem como à quantidade das mesmas, o que somente é possível exatamente porque os dispositivos contratuais atendem aos princípios da unidade e da invariabilidade.

Feitos os cômputos de prejuízos e lucros, decide o agente econômico sobre a viabilidade dos riscos que o seu contrato corre, colocando no mercado um "produto" mais ou menos abusivo.

Em palestra proferida pelo Doutor Paulo Salvador Frontini,[30] na época Diretor de um grande banco, disse ele sobre as cláusulas abusivas que:

> "(...) elas existem nos contratos financeiros, e quantas. Pegando aqui o art. 51 do Código é difícil achar um inciso em que a gente não consiga enquadrar os bancos, inclusive aquele em que eu trabalho, onde não tenho prestígio suficiente para convencê-los de que é preciso modificar isto. Porque o raciocínio não é fundamentalmente jurídico na empresa, o raciocínio é empresarial, grande parte um raciocínio atuarial. Vamos calcular percentualmente quantos vão criar caso, quantos consumidores dentre, por exemplo um banco como (...), ele tem três milhões de correntistas, pessoas físicas, sem falar nas pessoas jurídicas. É gente que não acaba mais, de três milhões quantas irão à fila do Procon. Uma fila com três milhões não existe (...) se for montar um Procon para atender três milhões de pessoas. Então o cálculo é atuarial, o raciocínio empresarial é este. Ora, não há dúvida. Obrigações consideradas iníquas, abusivas, que colocam o consumidor em desvantagem exagerada, isto existe freqüentemente".

Exatamente para eliminar esta óbvia desigualdade que impera na sociedade brasileira há vários anos, que foi criado o Código de Defesa do Consumidor, o qual legitimou entes

---

[30] *Degravação judicial da fita cassete do Congresso Nacional de Direito do Consumidor.* Brasília, março de 1994, no auditório do Banco Central do Brasil.

públicos e associações a ingressar com ações coletivas, tendentes a aglutinar em apenas um feito todas as abusividades que necessitariam de milhares de ações individuais semelhantes.

Por isso, é maciço no Estado do Rio Grande do Sul o reconhecimento da legitimidade ativa de órgãos como o Ministério Público, o qual tem obtido êxito nas demandas declaratórias e condenatórias que buscam o controle prévio e abstrato das abusividades dos contratos. Esta análise é feita com base nos contratos-padrão em branco, fato este possível juridicamente graças ao artigo 29 do CDC, o qual prevê a proteção *preventiva* dos indivíduos expostos às práticas abusivas. Ou seja, no CDC não é necessária a existência de dano efetivo. A mera possibilidade, a iminência de que ele possa ocorrer, já impõe a intervenção da lei, visando à obediência do princípio da igualdade.

Com a complexidade e o tecnicismo, o fornecedor do contrato almeja evitar que o consumidor possa entender integralmente os reflexos econômicos e jurídicos do "pacto", oportunizando, desta forma, procedimentos extrajudiciais, judiciais e financeiros dos quais o consumidor não tenha conhecimento. São denominações específicas como a menção a artigos de lei, à "tabela *price*" e outros, que retiram ou colocam em risco o requisito de boa-fé do contrato.

No que concerne ao princípio da superioridade ou da prepotência econômica, deve ser salientado que a abusividade decorre do fato de ser o fornecedor quem impõe previamente as "regras", pois concentra ele o poder relativamente à determinada atividade negocial, sendo que, muitas vezes, existem atitudes empresariais até mesmo orquestradas, tendentes a eliminar algum diferencial contratual de relevo que venha a possibilitar uma maior concorrência entre as empresas.

Por derradeiro, temos o princípio do estado de necessidade, o qual neutraliza por completo aquela falaciosa argumentação de que o "consumidor assinou o contrato porque quis".

De fato, na sociedade de massa atual, onde até mesmo para a aquisição de alimentos muitas vezes encontramos dificuldade, devido às distâncias, às grandes concentrações urbanas, até mesmo aos problemas de estacionamento, muito mais do que isto, pelo fato de que os negócios e a satisfação das necessidades exigem uma postura ágil e rápida do consumidor, sob pena de restarem inviabilizadas outras atividades profissionais, estudantis e sociais, de um modo geral, faz com que o adquirente ou usuário de produtos ou serviços tenha de se submeter a condições e contratos que lhe são desfavoráveis. Fica, então, evidente que a adesão a contratos-padrão muitas vezes ocorre por causa de um legítimo estado de necessidade, motivo pelo qual é um dos princípios que informa os contratos desta espécie.

Ricardo Hasson Sayeg[31] apresenta interessante posição sobre a ilicitude das práticas comerciais, dizendo que elas podem surgir sob a forma de "abuso do direito do fornecedor, violação do direito do consumidor ou infração à lei".

Em todas estas circunstâncias, todavia, estará o agente econômico abusando do seu direito de vender produtos ou serviços, servindo a distinção para sistematizar o estudo em questão.

A repressão eficiente aos abusos, então, é um dos princípios fundamentais para a realização dos objetivos do CDC, servindo, igualmente, como instrumento para a concretização de outros princípios, na forma do que será comentado no item seguinte, relativamente ao princípio da harmonia do mercado de consumo.

1.9. Princípio da harmonia do mercado de consumo

Para que sejam atendidas as diretrizes da atividade econômica e com vista à obtenção de condições satisfatórias de

---

[31] Práticas Comerciais Abusivas. *Revista Direito do Consumidor*, volume 7, São Paulo: RT, p. 45.

desenvolvimento do País, evidencia-se como fundamental o estabelecimento da harmonia no mercado de consumo.

Já não pode mais ser aceita aquela separação perniciosa que colocava o consumidor de um lado e o fornecedor de outro, como se fossem contumazes litigantes do organismo social, posto que a necessidade recíproca existente entre eles esclarece com perfeição que uma postura que os coloque em situações antagônicas é absolutamente incorreta.

Na forma do que procuramos demonstrar ao longo deste trabalho, o moderno entendimento da economia deve passar pelo fortalecimento do consumidor, sem que tal, entretanto, venha a inviabilizar as atividades econômicas lícitas.

Com efeito, o consumo somente tem condições de existir se for entregue ao empregado, ao funcionário, ao servidor, numerário suficiente para que ele invista no mercado de consumo, adquirindo bens ou serviços.

Seguindo nesta cadeia lógica, novas empresas, novos serviços, novas atividades surgirão na exata medida em que os consumidores investirem nestas unidades de produção de bens ou de serviços, as quais tenderão a aumentar de porte, fazendo com que novos empregos surjam e, conseqüentemente, que novos consumidores ingressem no mercado de consumo, investindo cada vez mais em desenvolvimento.

José Geraldo Brito Filomeno[32] cita John Richard Hicks, detentor do prêmio Nobel de economia de 1972, o qual afirma que "quem garante todos os empregos não são os empresários, os sindicalistas ou os governantes, são os consumidores", noção esta precisa e que traduz com perfeição a interligação harmoniosa que deve existir no mercado de consumo.

Em assim sendo, não só com vista ao tratamento individual de controvérsias envolvendo consumidores e fornecedores, mas principalmente no âmbito coletivo, é imprescindível agir com prudência, seja no julgamento de litígios, seja em nível administrativo, quando são feitas as investigações em

---

[32] *Código Brasileiro de Defesa do Consumidor*, ob. cit., p. 46.

inquérito civil público, pois decisões precipitadas podem resultar, paradoxalmente, na desproteção do consumidor.

Como forma de atender ao acima alertado, sabiamente o CDC acrescentou o § 6º ao artigo 5º da Lei nº 7.347/85 (Lei da Ação Civil Pública), no qual foi previsto o compromisso de ajustamento de conduta dos agentes econômicos às exigências legais, podendo qualquer órgão público formalizá-lo. Por intermédio deste documento, eventual atividade danosa à sociedade é corrigida, mediante a cominação de elevadas multas, termo este que valerá como título executivo extrajudicial.

A importância do compromisso de ajustamento é extrema, pois evita uma ação coletiva contra o fornecedor, impedindo, também, todos os reflexos negativos que a publicidade decorrente deste tipo de ação de porte pode trazer ao agente econômico.

Previne o compromisso, ainda, o ingresso de ações individuais, pois, com a correção de eventual conduta, ficam sanados os vícios ou defeitos originais da atividade.

Muito mais do que isto, resolve de maneira ágil e efetiva litígios, realizando os objetivos maiores do princípio da harmonia das relações de consumo, que são a paz e o desenvolvimento sem traumas, situação esta em que todas as energias são canalizadas para ações produtivas e convergentes.

Para a consecução da harmonia desejada, entretanto, necessário que as mentalidades sejam modificadas, a fim de que os agentes econômicos percebam que seu ingresso no mercado de consumo representa muito mais do que uma simples atividade tendente à obtenção de lucro. Não se nega que este deva ser um objetivo a buscar, mas jamais pode ser perdida a noção da fundamental relevância social de qualquer atividade que conduza à criação de novos empregos. Não bastasse o grande número de pessoas que sobrevivem direta e indiretamente do trabalho realizado nas empresas, conforme foi salientado, estes são os indivíduos que reinvestirão na própria empresa, devendo, por isto, ser muito bem tratados.

Sobre o tema, Luiz Amaral[33] esclarece que:

"(...) os clássicos direitos fundamentais de natureza econômica: o da propriedade e o da livre empresa, já não são direitos individuais a serviço de interesses pessoais, já não são fins em si mesmos, mas meios para fins mais justos e humanos: o bem-estar comum".

Seguindo na sua lição, afirma que:

"(...) o empresário (cada vez mais profissional e menos *doublê* de proprietário-empresário) tem responsabilidades sociais perante, não seus herdeiros e familiares, mas acionistas, trabalhadores e consumidores. De certa maneira estamos superando a principal contradição do capitalismo: caráter social da produção *versus* apropriação privada de seus meios; produto social *versus* direção privada da economia".

Deve ser dito, ainda, que a obtenção da verdadeira harmonia somente será alcançada quando a sociedade, como um todo, conseguir se auto-ajustar, haja vista que o Poder Público jamais conseguirá abarcar no aparato repressivo todas as situações que cotidianamente surgem no mercado de consumo.

Veja-se que são inúmeras as atividades negociais criadas na vida moderna, sendo impossível a repressão eficiente e imediata dos órgãos públicos, os quais necessitam de maior tempo para a tomada de decisões.

Por isso, o ideal para que a busca de harmonia fosse agilizada seria a implementação das políticas previstas nos artigos 5º, inciso V, e 82, IV, ambos do CDC, nos quais está autorizada a criação de associações de defesa dos consumidores, pois elas têm maior rapidez na coleta e análise de assuntos específicos, além de possuírem, por paradoxal que possa parecer, maior facilidade na obtenção de definições técnicas sobre matérias determinadas.

---

[33] O Código, a Política, e o Sistema Nacional de Defesa do Consumidor. *Revista Direito do Consumidor*, volume 6, São Paulo: RT, p. 70.

Outro aspecto que deve ser abordado é o fato de que os agentes econômicos ainda estão muito tímidos na defesa do seu consumidor.

Em realidade, os fornecedores ainda não perceberam que precisam defender o seu consumidor dos maus fornecedores, o que é facilmente constatável, porque dificilmente surgem reclamações de fornecedores nos órgãos oficiais de defesa dos consumidores, relativamente a alguma conduta ilegal que esteja sendo realizada por algum concorrente. Às vezes até mesmo são declinadas afirmações oficiosas sobre abusividades, mas no momento de reduzir a termo ocorrem recuos, inviabilizando investigações mais rápidas e proveitosas.

Com o passar do tempo, porém, a mentalidade dos sujeitos da relação de consumo tenderá a evoluir, sendo facilmente observável a rapidez com que este processo está acontecendo no Brasil, pelo que, nas próximas décadas, já serão sentidos os avanços de desenvolvimento que o nosso País experimentará, tudo com base neste fundamental princípio da harmonia do mercado de consumo.

Aliás, diga-se que harmonizar o mercado de consumo significa, concretamente, atender à quase totalidade dos princípios da ordem econômica consubstanciados no artigo 170 da Constituição Federal.

1.10. Observações finais sobre os princípios

Feito este estudo dirigido ao Código de Defesa do Consumidor, fica ressaltada a imensa importância dos princípios, não só para interpretação das normas, como para a organização da sociedade como um todo.

Fica evidenciado, também, que aplicar a norma jurídica significa sempre realizar uma concretização da Lei Maior, pois é ela a representação das diretrizes do sistema, devendo todas as leis de hierarquia inferior guardar consonância com as disposições constitucionais.

Fica demonstrado, igualmente, que a Lei Consumerista é, acima de tudo, uma lei de ordem pública e de interesse social (art. 1º do CDC), profundamente baseada na Constituição de 1988, não podendo ser considerada um diploma legal tendencioso, conforme alguns mal-informados tentam fazer crer, mas, sim, uma Consolidação de princípios, de regras e de valores da mais alta relevância, que certamente lançará o Brasil para a posição dos países de "primeiro mundo" no terceiro milênio.

2

Relação jurídica de consumo

2.1. Conceito de relação jurídica

A palavra "relação" denota uma reciprocidade de ações entre pessoas, naturais ou não, conceituando Aurélio Buarque de Holanda Ferreira[34] como sendo uma "vinculação".

Contém, igualmente, a idéia de convivência entre pessoas, sendo, em qualquer sentido, fundamental a noção de "ação" praticada por cada um dos pólos de contato.

No campo fático e ordinário, são variadas e inúmeras as vezes em que as pessoas se inter-relacionam, na maior parte sendo irrelevantes para o convívio social, coletivamente considerado.

As relações relevantes à sociedade são erigidas à condição de relações jurídicas, dado que servirão como paradigma de conduta para todos os integrantes do grupo social.

Pontes de Miranda[35] assim define o que seja suporte fático:

"O suporte fático da regra jurídica, isto é, aquêle fato, ou grupo de fatos que o compõe, e sôbre o qual a regra jurídica incide, pode ser da mais variada natureza (...)".

Com efeito, na conceituação do eminente jurista existe um suporte fático, representado pela noção de relacionamento social ou de relacionamento cotidiano, na forma acima declinada, sendo que tal reciprocidade de ações, devido à sua

---

[34] Ob. cit, p. 1478.

[35] *Tratado de Direito Privado*, v. I – parte geral. Rio de Janeiro: Borsoi, 1954, p. 19.

importância para a vida em sociedade, recebe a incidência da necessidade normativa, pela qual seriam estes fatos reconhecidos como padrões de conduta.

A partir deste ponto, realiza-se todo o processo legislativo, resultando na criação legal que orientará a vida das pessoas, norma esta que contém os mais variados suportes fáticos.

Neste particular, é útil referir que toda a luta do homem busca efetivar sua adaptação em sociedade, sendo a lei uma destas formas.

Sobre este tema, Marcos Bernardes de Mello[36] comenta o que segue:

"Os processos de adaptação social – como a religião, a moral, a política, a educação, a economia, a ciência, a arte, a moda, a etiqueta, o direito – são os instrumentos de que se vale a comunidade para agir sobre o homem, instilando em sua personalidade os valores, as concepções e os sentimentos que integram e representam a própria cultura daquela sociedade. As experiências vivenciais que o ambiente social lhe proporciona atuam como elementos determinantes de seu comportamento e em razão delas o homem aprende a falar e o que falar, veste-se e sabe como vestir-se, sabe o que comer e como comer, enfim, aprende a comportar-se diante dos outros homens e da comunidade que condicionou as suas aptidões".

"Os processos de adaptação social, exceto o direito, embora se constituam de normas de natureza comportamental, não têm o poder de vincular incondicionalmente as condutas, donde ficarem à mercê da adesão das pessoas. O direito, diferentemente, é obrigatório e nisto consiste o elemento que o caracteriza e o distingue dos demais processos de adaptação social. Por isso, por integrar a sua própria natureza (= substância), a obrigatoriedade do direito é dado que se põe aprioristicamente (...)".

---

[36] *Teoria do Fato Jurídico.* 3ª ed. São Paulo: Saraiva, 1988, p. 22 e 23.

"Também não há uniformidade quando se trata de saber em que consiste essa obrigatoriedade. Para alguns, reside na sanção, na coação externa. Enquanto as normas morais, religiosas, políticas devem ser seguidas e observadas espontaneamente, e a coação por ventura nelas existente tenha caráter psicológico, interior, as jurídicas são impostas, inclusive pelo uso de coação externa, através de sanções. As penas do *fogo do inferno*, para o pecado, ou o *sofrimento moral do remorso e da vergonha*, não constituem coação externa ou sanção imposta pelo grupo social, diretamente contra o pecado ou o ato imoral, embora não se exclua a possibilidade do repúdio social ostensivo".

Então, inúmeras são as relações do mundo fático e os processos de adaptação social, sendo aquelas transformadas em relações jurídicas, o mesmo acontecendo no campo do Direito do Consumidor, quando o legislador resolve destacar uma em especial, denominando-a Relação Jurídica de Consumo, na forma do que consta na "norma-objetivo" do artigo 4º do CDC.

Fazendo o raciocínio inverso, já que as normas consumeristas estão consolidadas no Código específico, sempre que surgir suporte fático relevante para a harmonia das relações de consumo, incidirá a norma legal precípua, e aplicáveis serão as regras e princípios do CDC.

Aliás, neste ponto inicial do trabalho, já é relevante realizar distinção fundamental, definindo o que sejam regras e princípios.

Segundo Eros Roberto Grau,[37] as normas jurídicas são classificadas em normas de conduta e normas de organização.

A norma de conduta "é aquela cujo objetivo imediato é disciplinar o comportamento dos indivíduos ou a atividade de grupos".

---

[37] *Revista Direito do Consumidor*, ob. cit., p. 183 e seguintes.

Normas de organização são "aquelas que, possuindo um caráter instrumental, visam a estruturar o funcionamento de órgão ou a instrumentar a disciplina de processos técnicos de identificação e aplicação de normas".

Referindo-se especificamente ao Código de Defesa do Consumidor, o citado Mestre afirma o seguinte:

> "O artigo 4º do Código do Consumidor é uma norma-objetivo, porque define os fins da política nacional das relações de consumo, quer dizer, ela define resultados a serem alcançados. Todas as normas de conduta e todas as normas de organização, que são as demais normas que compõe o Código do Consumidor, instrumentam a realização desses objetivos, com base nos princípios enunciados no próprio artigo 4º".

Concluindo a sua lição, Eros Roberto Grau afirma que "norma jurídica é gênero que compreende duas espécies: as regras e os princípios", sendo que "quando temos duas regras em confronto – caso de antinomia – uma delas salta fora do sistema. Quando temos conflito entre princípios, nenhum deles é expulso do sistema".

Sintetizando estes ensinamentos, o suporte fático consumerista constitui-se de relação do mundo fático, na qual, de um lado está a figura do consumidor – destinatário final – e do outro um fornecedor de produto ou serviço, os quais, diante da existência de contrato de compra e venda, de prestação de serviço ou, simplesmente, diante da ocorrência de algum dano psíquico ou físico causado pelo bem-da-vida (*lato sensu*), geram a imediata incidência da norma protetiva, completando-se, assim, o processo de jurisdicização daquele suporte fático.

2.2. Conceito de relação jurídica de consumo

Baseado nos comentários precedentes, podemos definir o objeto da nossa análise da seguinte forma:

Relação jurídica de consumo é o vínculo que se estabelece entre um consumidor, destinatário final, e entes a ele equiparados, e um fornecedor profissional, decorrente de um ato de consumo ou como reflexo de um acidente de consumo, a qual sofre a incidência da norma jurídica específica, com o objetivo de harmonizar as interações naturalmente desiguais da sociedade moderna de massa.

Toda conceituação envolve riscos, todavia a definição acima declinada serve, de maneira satisfatória, para espelhar o fenômeno jurídico que se estudará.

2.3. Natureza das normas reguladoras da relação jurídica de consumo

Em que pese estar bastante claro no artigo 1º do CDC que as normas que o integram são de "ordem pública e de interesse social", é importante a abordagem do tema, pois definindo-se a natureza jurídica das normas consumeristas, será possível definir, também, de que forma será tratada na esfera judicial e até mesmo na extrajudicial matéria que envolva necessidade de proteção a consumidor ou equiparados.

Com efeito, um destes aspectos é muito bem salientado por Arruda Alvim, Thereza Alvim, Eduardo Arruda Alvim e James Marins:[38]

"Tais normas de ordem pública, em função de sua inerente cogência, portanto, incidirão até mesmo e apesar da vontade contrária dos interessados. O *ius cogens* é forma de proteção do interesse social, porque tutela instituições jurídicas fundamentais e tradicionais, bem como as que garantem a segurança das relações jurídicas e protegem os direitos personalíssimos e situações jurídicas que não podem ser alteradas pelo juiz e pelas partes por deverem ter certa duração".

[38] *Código do Consumidor Comentado*, ob. cit., p. 16.

No mesmo sentido é a lição de Nelson Nery Junior:[39]

"O art. 1º do CDC diz que suas disposições são de ordem pública e de interesse social. Isto quer dizer, em primeiro lugar, que toda matéria constante do CDC deve ser examinada pelo Juiz *ex officio*, independentemente de pedido da parte, valendo-se frisar que sobre ela não ocorre a preclusão, circunstância que propicia seu exame a qualquer tempo e grau de jurisdição, podendo o Tribunal, inclusive, decidir com *reformatio in pejus* permitida, já que se trata de questão de ordem pública. A característica de as normas do CDC serem de interesse social faz com que seja obrigatória a participação do Ministério Público nas ações propostas com base no Código, a fim de exercer o mister institucional e constitucional de velar pelos interesses sociais (art. 127, *caput*, CF)".

Destes estudos, conclui-se que o princípio dispositivo, ou seja, de que o juiz está adstrito ao postulado pelas partes, sofre uma mitigação evidente no CDC, já que qualquer infração à ordem pública ou ao interesse social pode ser neutralizada de plano, sem qualquer provocação.

Neste sentido é o acórdão prolatado pelo Tribunal de Alçada do Rio Grande do Sul, 7ª Câmara Cível, da lavra do Juiz de Alçada Antonio Janyr Dall'Agnol Júnior,[40] o qual merece transcrição de sua ementa:

"Código de Defesa do Consumidor – Conceito de consumidor – proteção contratual. Cláusulas abusivas – alteração unilateral da remuneração de capital posta à disposição de creditado – imposição de representante – conhecimento de ofício".

"(...) Sendo a nulidade prevista no artigo 51 do CDC da espécie *pleno iure*, viável o conhecimento e a decretação de ofício, a realizar-se tanto que evidenciado o vício (art. 168, parágrafo único, do Código Civil)".

---

[39] Aspectos do Processo Civil no Código de Defesa do Consumidor. *Revista Direito do Consumidor*, volume 1, São Paulo: RT, p. 201.

[40] *Revista Direito do Consumidor*, volume 9, São Paulo: RT, p. 140.

Outras questões ainda podem ser aventadas, como, por exemplo, a da inversão do ônus da prova sem pedido expresso do consumidor, ou ainda a da possibilidade de prestação de tutela jurisdicional antecipada, motivos estes, por si sós, suficientes para demonstrar a aludida relevância do tema.

2.4. O Código de Defesa do Consumidor é Lei Complementar

A doutrina diverge relativamente à conceituação de Lei Complementar.

Para Hugo de Brito Machado,[41] a Lei Complementar distingue-se da Lei Ordinária tanto pelo critério substancial, como pelo formal.

Segundo ele, somente poderia ser tratada em Lei Complementar matéria expressamente prevista na Constituição, sendo este o aspecto substancial. Formalmente, aduz que a lei complementar tem numeração própria e se caracteriza pela exigência de *quorum* especial para aprovação, nos termos do que preceitua o artigo 69 da CF.

José Afonso da Silva,[42] por sua vez, afirma que as leis complementares:

"(...) só diferem do procedimento de formação das leis ordinárias na exigência do voto da maioria absoluta das Casas, para a sua aprovação (art. 69), sendo, pois, formadas por procedimento ordinário com *quorum* especial".

O Professor Celso Ribeiro Bastos[43] entende por lei complementar:

"(...) toda aquela que contempla uma matéria a ela entregue de forma exclusiva e que, em conseqüência, re-

---

[41] *Curso de Direito Tributário.* 10ª ed. São Paulo: Malheiros, p. 52 e 53.

[42] *Curso de Direito Constitucional Positivo.* 6ª ed. São Paulo: RT, 1990, p. 457 e 458.

[43] *Curso de Direito Financeiro e de Direito Tributário.* São Paulo: Saraiva, 1991, p. 64 e 65.

pele normações heterogêneas, aprovada mediante um *quorum* próprio de maioria absoluta".

Entretanto, a doutrina mais correta sobre o tema parece ser a declinada por Tupinambá Miguel Castro do Nascimento,[44] o qual conclui que o Código de Defesa do Consumidor é considerado lei hierarquicamente superior a qualquer outra lei ordinária que não trate de matéria atinente às relações de consumo.

Aprofundando os ensinamentos, esclarece o doutrinador gaúcho que existem dois critérios para a definição relativamente a ser ou não determinado diploma legal considerado lei complementar.

O primeiro deles diz respeito à própria função de "complementar" a Constituição, dispondo de maneira específica sobre matéria cujo texto da Carta Magna tenha, expressamente, determinado que deva ser complementado.

Ora, o artigo 5º, inciso XXXII, da Constituição Federal e o artigo 48 do Ato das Disposições Constitucionais Transitórias contêm comandos no sentido de que deverá ser elaborado o Código de Defesa do Consumidor, bem como que é atribuição do Estado a defesa do consumidor.

Além disso, o artigo 170, inciso V, do Estatuto Político Básico, elevou a princípio constitucional a defesa do consumidor, demonstrando, desta forma, toda a importância do tema, eis que é um dos pilares da ordem econômica do país.

Não pode ser olvidado, também, o que foi dito no item anterior, na medida em que as normas do CDC são de ordem pública e de interesse social, mais ainda a reforçar o entendimento ora esposado.

O segundo critério, dito formal, é aquele relacionado ao preenchimento do requisito de *quorum* especial, previsto no artigo 69 da CF, o qual também foi preenchido pelo CDC.

Assim, a Lei Protetiva seria considerada lei complementar, eis que contém os requisitos substancial e formal.

---

[44] *Comercialização de Imóveis e o Código de Defesa do Consumidor.* Porto Alegre: Gráfica Metrópole, p. 54 a 58.

O Desembargador Tupinambá Nascimento[45] fortalece a sua doutrina citando Maria Helena Diniz, Paulo Barros Carvalho e Sacha Calmon Navarro Coêlho, nos seguintes termos:

"O artigo 5º, em seu inciso XXXII, da C.F. – 'o Estado promoverá, na forma da lei, a defesa do consumidor' –, é, no magistério de Maria Helena Diniz (*Norma Constitucional e seus Efeitos*, pág. 102, Editora Saraiva, 2ª edição, 1992), norma com eficácia relativa complementável ou dependente de complementação legislativa. A norma constitucional só adquire eficácia plena após a edição da lei a que se refere. Ao ser a lei editada, no caso o CDC, a norma constitucional se complementa, gerando todos os efeitos pretendidos pelos constituintes. No momento em que outra lei, não a referida no texto constitucional, altere a anterior, na verdade está afastando a plenitude da norma constitucional. Aqui, a impossibilidade revogatória. No Brasil, pelo menos dois diplomas legais, sem o título e a forma de lei complementar são considerados, por natureza, como leis complementares, porque complementam a Constituição. Diz a Carta de 1988, em seu artigo 146, que lei complementar disporá, conforme indicação temática que faz, sobre matéria tributária. A Lei nº 5.172, de 25 de outubro de 1966, que trata do Código Tributário Nacional, e o Decreto-Lei nº 406, de 31 de dezembro de 1968, que trata do ICMS, não são formalmente leis complementares. Mas complementam a Constituição. Com muita tranqüilidade, face apoio doutrinário e jurisprudencial, ambos diplomas legais são tidos e respeitados como leis complementares. Há, como se vê, precedentes no ordenamento jurídico brasileiro.
Paulo de Barros Carvalho (*Curso de Direito Tributário*, págs. 134/135, Editora Saraiva, 4ª edição, 1991) diz que 'a lei complementar reveste-se de natureza ontológico-formal', isto porque deve obedecer duplo requisito: a) – o de complementar o texto constitucional, que não é

---

[45] *Comercialização de Imóveis*, ob. cit., p. 56.

auto-aplicável, embora 'a simples alusão à *lei*, desacompanhada do qualificativo *complementar*'; b) – satisfazer o *quorum* especial do artigo 69 da CF: 'As leis complementares serão aprovadas por maioria absoluta'. Do mesmo sentir, exigindo os mesmos requisitos, é o magistério de Sacha Calmon Navarro Coelho (*Comentários à Constituição de 1988 – Sistema Tributário*, pág. 113, Forense, 1990). Deste modo, o CDC, na verdade, é lei complementar porque, ao que consta, cumpriu o *quorum* qualificado de aprovação".

Desse modo, resulta que existe precedente legislativo no direito positivo pátrio, no sentido de que lei tida como ordinária, em realidade seja lei complementar, como é o caso dos diplomas legais acima citados, e ainda da Lei de Greve, que complementa mandamento constitucional, mesmo tendo a forma de lei ordinária.

Vale dizer, não é o simples fato de se denominar determinada lei como ordinária que lhe conferirá tal condição. Será admissível reconhecer que alguém outorgue procuração a outrem e intitule o instrumento como sendo uma hipoteca de imóvel e assim reste desnaturado o mandato? Obviamente, não.

Outro argumento de relevo diz respeito ao fato de que é inadmissível que lei que não trate de matéria atinente às relações de consumo altere ou revogue o CDC, na forma já mencionada, pois possibilitar tal hipótese seria viabilizar a alteração de princípios constitucionais, por vias impróprias.

Concluindo, então, a posição ora assumida, transcreve-se o entendimento do Mestre Tupinambá Nascimento:[46]

"É verdade que o texto da Carta de 1988 não exigiu, expressamente, a forma de lei complementar para o CDC. É uma lei nominadamente ordinária. Deste modo, numa interpretação, que nos parece obedecer à lógica da razoabilidade jurídica, uma lei especialmente dirigida ao tema de relações de consumo pode modificar o CDC. O

---

[46] *Comercialização de Imóveis*, ob. cit., p. 55.

que se apresenta inadmissível é que qualquer outra lei, que não trate de matéria de relações de consumo, possa vir a alterar ou revogar o CDC, o que significaria, indiretamente, modificar princípios constitucionais. Para o pretendido confronto, o CDC é norma hierarquicamente superior".

Por fim, ressalte-se que a defesa do consumidor é, também, um direito e uma garantia fundamental e, como tal, necessário que seja feita sempre interpretação mais benéfica a este propósito, impedindo-se, assim, que, em um país onde proliferam as medidas provisórias, restem alteradas leis protetivas do consumidor, em benefício dos interesses privados e, conseqüentemente, em prejuízos à ordem pública ou ao interesse social.

2.5. Da aplicação do CDC em harmonia com o Código Civil

Deve ser destacado que o Código de Defesa do Consumidor não mais pode ser aplicado de maneira estanque, devendo o operador do Direito sempre estar atento para a possibilidade de que seja necessária a utilização do Código Civil, em combinação, a fim de que seja encontrada a melhor solução para o caso concreto.

Na atualidade, a complexidade da vida e a alteração dos principais paradigmas do cotidiano, quais sejam o surgimento dos fenômenos da massificação, da urbanização e da globalização, induziu a um imprescindível aperfeiçoamento das estruturas normativas, sendo o Código Civil, Lei nº 10.406, de 10 de janeiro de 2002, o Diploma Legal que, por excelência, representa a atualização do Direito Substantivo em termos axiológicos e fáticos.

Seguindo na mesma linha de valores do Código de Defesa do Consumidor, o Código Civil também está alicerçado no grande postulado[47] da igualdade, existindo inúmeros preceitos que comprovam tal assertiva.

Como conseqüência, também podemos visualizar com facilidade a presença do princípio da vulnerabilidade[48] no Código Civil, haja vista que este princípio é uma representação mais concreta do princípio da igualdade, na forma antes já defendida, quando estejamos analisando relacionamentos em que um dos pólos prepondera em relação ao outro, impondo de forma desequilibrada a sua vontade.

Para a comprovação do que ora argumentamos, basta a simples leitura de alguns artigos do Código Civil.

Apontamos, como exemplo, o artigo 423 do Estatuto Civilista, *verbis*:

> "Quando houver no contrato de adesão cláusulas ambíguas ou contraditórias, dever-se-á adotar a interpretação mais favorável ao aderente".

Este dispositivo é muito claro, prevendo exatamente o que contém o artigo 47 da Lei Consumerista, *verbis*:

> "As cláusulas contratuais serão interpretadas de maneira mais favorável ao consumidor".

---

[47] ÁVILA, Humberto. *Teoria dos Princípios, da definição à aplicação dos princípios jurídicos*. 2ª ed. São Paulo: Malheiros, 2003, p. 80, *aborda o conceito de postulados, assim escrevendo*: "Esses deveres situam-se num segundo grau e estabelecem a estrutura de aplicação de outras normas, princípios e regras. Como tais, eles permitem verificar os casos em que há violação às normas cuja aplicação estruturam. Só elipticamente é que se pode afirmar que são violados os postulados da razoabilidade, da proporcionalidade ou da eficiência, por exemplo. A rigor, violadas são as normas – princípios e regras – que deixam de ser devidamente aplicadas". Sobre a distinção entre regras, princípios e postulados: "Diversamente, os postulados, de um lado, não impõem a promoção de um fim, mas, em vez disso, estruturam a aplicação do dever de promover um fim; de outro, não prescrevem indiretamente comportamentos, mas modos de raciocínio e de argumentação relativamente a normas que indiretamente prescrevem comportamentos. Rigorosamente, portanto, não se podem confundir princípios com postulados". Como exemplo de postulados, Humberto estuda os postulados inespecíficos: ponderação, concordância prática, proibição do excesso; postulados específicos: igualdade, razoabilidade e proporcionalidade.

[48] Aprofundando o tema, vide: MORAES, Paulo Valério Dal Pai, Compatibilidade entre os princípios do Código de Defesa do Consumidor e os do Código Civil. *Revista de Direito do Consumidor*, volume 57, São Paulo: RT, p. 77 e ss.

Em ambas as situações legais, a base axiológica é a mesma, qual seja a existência de uma disparidade de forças entre os contratantes, o que autoriza a utilização da Lei, em consonância com a Constituição, para igualar os naturalmente desiguais.

Precisamos ressaltar que em muitos relacionamentos regulados pelo Código Civil as desigualdades serão intensas, motivo pelo qual a intervenção estatal, por intermédio da Lei, será a única forma de trazer justiça ao caso concreto.

Quando o artigo 423 do Código Civil dispõe sobre os contratos de adesão, está fazendo referência a inúmeros contratos existentes, nos quais está presente imensa diferença de forças. Exemplo disso são os contratos mantidos entre os lojistas e os proprietários de "Shopping Centers",[49] os contratos de franquia em que o franqueador impõe condições ao franqueado, os contratos de concessionárias de automóvel e tantos outros.

Até mesmo tratando-se de responsabilidade civil os dois Códigos estão equiparados, trazendo o Código Civil a responsabilização objetiva para um grande número de situações. Como exemplo, citamos:

"Art. 927, Parágrafo único. Haverá obrigação de reparar o dano, independentemente de culpa, nos casos especificados em lei, ou quando a atividade normalmente desenvolvida pelo autor do dano implicar, por sua natureza, risco para os direitos de outrem".

Estes são alguns casos indicadores de que os três grandes pilares que alicerçam o Código Civil, quais sejam, a eticidade, a operabilidade e a socialidade, efetivamente estão permeando as estruturas dogmático-jurídicas deste diploma legal, assim como já permeavam o Código de Defesa do Consumidor.

---

[49] Sobre o assunto: GONZALES, Cristiane Paulsen, *Código de Defesa do Consumidor na Relação Entre Lojistas e Empreendedores de Shopping Centers*. Porto Alegre: Livraria do Advogado, 2003.

Por isso, nenhum assombro ou dúvida devemos ter quanto à possível aplicação combinada do Código Civil com o Código do Consumidor, pois a base axiológica, na atualidade, se assemelha.

Em se tratando de contratos de transporte, por exemplo, é o Código Civil que, prevalentemente, será aplicado aos relacionamentos de consumo, emergindo tal conclusão do seguinte dispositivo:

"Art. 732. Aos contratos de transporte, em geral, são aplicáveis, quando couber, desde que não contrariem as disposições deste Código, os preceitos constantes da legislação especial e de tratados e convenções internacionais".

Interpretando o preceito supracitado, extraímos que, em primeiro lugar, aplicamos o Código Civil aos contratos de transporte, podendo, entretanto, ser aplicada a legislação especial, ou seja, o Código de Defesa do Consumidor, desde que não contrarie as disposições do Estatuto Civil Básico.

Afirmando isto, e para eliminar qualquer desconforto, devemos salientar que o Código Civil, em muitas situações, é até mais benéfico que o Código do Consumidor, como, por exemplo:

"Art. 735. A responsabilidade contratual do transportador por acidente com o passageiro não é elidida por culpa de terceiro, contra o qual tem ação regressiva".

Portanto, no Código Civil a culpa de terceiro não exclui a responsabilidade civil do transportador, ao contrário do que dispõe o Código de Defesa do Consumidor, *verbis:*

"Art. 14, § 3º. O fornecedor de serviços só não será responsabilizado quando provar:
II – a culpa exclusiva do consumidor ou de terceiro".

No CDC, então, a "culpa de terceiro" poderá excluir a responsabilidade civil do fornecedor, motivo pelo qual, em respeito a uma fundamental interpretação sistemática, à luz de princípios, deve ser aplicada a lei mais benéfica ao vulnerável, a fim de que seja concretizado o princípio da igualdade, pedra fundamental tanto do Código do Consumidor como, atualmente, do Código Civil.

Apresentamos um outro exemplo esclarecedor do assunto abordado neste item, ou seja, outra antinomia. Diante de um acidente de consumo (responsabilidade pelo fato do produto ou do serviço, prevista nos artigos 12 ao 17 do CDC) em que o transportador tenha causado lesões corporais em um passageiro, em decorrência de um acidente na viagem, indaga-se: qual regra de prescrição se adotará? A do artigo 206, § 3º, V, do Código Civil (em três anos) ou a do artigo 27 do CDC (em cinco anos, iniciando-se a contagem do prazo a partir do conhecimento do dano e de sua autoria)?

Com a finalidade de obedecer aos mandamentos principiológicos do sistema jurídico, inafastável a aplicação do artigo 27 do CDC, pois esta norma é mais benéfica ao vulnerável, conclusão que redundará na concretização do princípio da igualdade real.

Em conseqüência, podemos vislumbrar que em uma mesma situação concreta, representada por um contrato de transporte, impõe-se a aplicação combinada do Código de Defesa do Consumidor com o Código Civil.

A eminente Professora Cláudia Lima Marques,[50] nesta mesma linha de raciocínio, assim sintetiza a matéria:

"Relembrando, são três os 'diálogos' possíveis entre o Código de Defesa do Consumidor (...) e o Código Civil (...):

1) na aplicação simultânea das duas leis, uma lei pode servir de base conceitual para a outra (*diálogo sistemático de coerência*), especialmente, se uma lei é geral e a outra especial; se uma é a lei central do sistema e a outra um micro-sistema específico, incompleto materialmente (...)

2) na aplicação coordenada das duas leis, uma lei pode complementar a aplicação da outra, dependendo de

---

[50] Superação das Antinomias pelo diálogo das fontes: o modelo brasileiro de coexistência entre o Código de Defesa do Consumidor e o Código Civil de 2002. *Revista de Direito do Consumidor*, volume 51, São Paulo: RT, p. 59/60.

seu campo de aplicação no caso concreto (*diálogo sistemático de complementariedade e subsidiariedade* em antinomias aparentes ou reais), e, ainda, indicando a aplicação complementar tanto de suas normas, quanto de seus princípios, no que couber, no que for necessário ou subsidiariamente (...)

3) há, ainda, o diálogo das influências recíprocas sistemáticas, como no caso de uma possível redefinição do campo de aplicação de uma lei (assim, por exemplo, as definições de consumidor *stricto sensu* e de consumidor equiparado podem sofrer influências finalísticas do Código Civil , uma vez que esta lei nova vem justamente para regular as relações entre iguais, dois iguais-consumidores ou dois iguais-fornecedores entre si, no caso de dois fornecedores trata-se de relações empresariais típicas, em que o destinatário final fático da coisa ou do fazer comercial é um outro empresário ou comerciante) (...) É a influência do sistema especial no geral e do geral no especial, um diálogo de *double sens* (*diálogo de coordenação e adaptação sistemática*)".

De fato, esta é a conclusão a que chegamos, acolhendo como resultado final os importantes ensinamentos acima transcritos. Imprescindível na resolução do caso concreto, envolvendo relação de consumo, a utilização combinada do Código Civil e do Código de Defesa do Consumidor, por intermédio de um "diálogo de coordenação e adaptação sistemática", a fim de que seja encontrada a "melhor solução" para a controvérsia, entendida esta como sendo a que emane o maior grau de justiça e de equilíbrio, fundamentando e concretizando os princípios que orientam o nosso sistema jurídico.

O Superior Tribunal de Justiça passou a acolher o entendimento ora defendido, sendo exemplo a decisão prolatada no REsp. nº 958.833, cuja ementa transcrevemos:

"Processo Civil, Civil e Consumidor. Transporte rodoviário de pessoas. Acidente de trânsito. Defeito na prestação do serviço. Prescrição. Prazo. Art. 27 do CDC. Nova interpretação, válida a partir da vigência do novo Código Civil.

O CC/16 não disciplinava especificamente o transporte de pessoas e coisas. Até então, a regulamentação dessa atividade era feita por leis esparsas e pelo CCom, que não traziam dispositivo algum relativo à responsabilidade no transporte rodoviário de pessoas.

Diante disso, cabia à doutrina e à jurisprudência determinar os contornos da responsabilidade pelo defeito na prestação do serviço de transporte de passageiros. Nesse esforço interpretativo, esta Corte firmou o entendimento de que danos causados ao viajante, em decorrência de acidente de trânsito, não importavam em defeito na prestação do serviço e; portanto, o prazo prescricional para ajuizamento da respectiva ação devia respeitar o CC/16, e não o CDC.

Com o advento do CC/02, não há mais espaço para discussão. O art. 734 fixa expressamente a responsabilidade objetiva do transportador pelos danos causados às pessoas por ele transportadas, o que engloba o dever de garantir a segurança do passageiro, de modo que ocorrências que afetem o bem-estar do viajante devem ser classificadas de defeito na prestação do serviço de transporte de pessoas.

Como decorrência lógica, os contratos de transporte de pessoas ficam sujeitos ao prazo prescricional específico do art. 27 do CDC. Deixa de incidir, por ser genérico, o prazo prescricional do Código Civil.

Recurso especial não conhecido.

Brasília (DF), 08 de fevereiro de 2008.(data do julgamento).

Ministra Nancy Andrighi, Relatora".

3

Sujeitos da relação jurídica de consumo

3.1. Conceito de consumidor

O conceito *standard* de consumidor está previsto no artigo 2º do CDC, no qual é dito que é "toda pessoa física ou jurídica que adquire ou utiliza produto ou serviço como destinatário final".

A festejada jurista Cláudia Lima Marques[51] denomina este conceito básico de *stricto sensu*, dando a entender com isto que ele seria a menor partícula conceitual do problema.

Relevante a referência, pois não pode ser confundida a denominação com qualquer tentativa de restrição definitória, constituindo-se, apenas, em uma forma clara de distinguir os variados conceitos que se encontram no Código.

De início, convém esclarecer que existem duas correntes doutrinárias que divergem especificamente na conceituação de consumidor e, conseqüentemente, na definição do campo de abrangência do CDC.

A primeira delas é a corrente denominada por Cláudia Lima Marques de finalista,[52] para a qual deve ser feita uma interpretação restrita do artigo 2º do CDC, estabelecendo que consumidor será somente aquele que, de fato e sob o ponto de vista econômico, retira do mercado de consumo determinado bem ou serviço.

---

[51] *Contratos no Código de Defesa do Consumidor*, ob. cit., p. 99.

[52] Idem, p. 100.

A segunda corrente, segundo a mesma autora, é a dos maximalistas,[53] que pretendem ampliar a adoção das regras protetivas para todos os agentes do mercado de consumo, bastando, para tanto, que o bem ou serviço seja retirado de fato do mercado.

Tal ampliação, portanto, pretenderia incluir na proteção do Código pessoas jurídicas, inclusive quando agem como profissionais.

Nosso entendimento decorre de apreciação, inicialmente, filosófica. Ou seja, as regras de proteção e de defesa do consumidor surgiram, basicamente, da necessidade de obtenção de igualdade entre aqueles que eram naturalmente desiguais. Assim, tornou-se imperiosa a intervenção estatal, por intermédio do direito positivo, objetivando evitar a milenar submissão do mais fraco em relação ao mais forte, lei esta somente aceitável no mundo irracional.

Além disso, a idéia de codificação de regras e princípios protetivos buscou flagrantemente munir aqueles entes carentes de condições legais específicas de arma eficaz, tendente a evitar a continuidade da individualização dos lucros e da socialização dos prejuízos.

É plenamente sabido que, nas relações econômicas desiguais entre o "forte" e o "fraco", a liberdade escraviza, e a lei é que liberta.

Dessarte, entendemos que o Código de Defesa do Consumidor deve ser utilizado por aqueles que nele tenham a última guarida, pois os demais podem buscar amparo nos outros diplomas legais vigentes, que não foram revogados pelo CDC.

Desta conclusão, depreende-se que a relação entre profissionais continua a ser regulada pelo Código Empresarial (Livro II do Código Civil), sendo que a entre não-profissionais, pelo Código Civil (Livro I).

Melhor explicando esta tomada de posição, na medida em que empresas divirjam relativamente à aquisição de

---

[53] *Contratos no Código de Defesa do Consumidor*, ob. cit., p. 100.

determinado produto ou serviço, necessariamente terão de ser utilizadas as regras do Código Empresarial (Código Civil – Livro II), enquanto eventual divergência na aquisição de um automóvel entre particulares, não-profissionais, deverá receber a incidência das normas do Código Civil.

Assim, fica evidenciado que o CDC constitui-se em um microssistema jurídico que trata relações de desigualdade, neste aspecto, portanto, devendo ser restrita a sua aplicação, até porque, na forma antes apontada, o Código Civil possui na atualidade mecanismos que também protegem eventuais desigualdades, não sendo necessário que os relacionamentos por ele regulados sejam levados, de maneira forçada, para o Código do Consumidor.

O perigo de uma ampliação precipitada da abrangência das regras protetivas reside na possibilidade de ser ferido o princípio da igualdade previsto no artigo 5°, *caput*, da CF, pelo que deve ser evitado que uma empresa, com iguais condições de litigar em relação a outra, venha a ser beneficiada com regras que afastariam a original correspondência de forças.

Cláudia Lima Marques[54] comenta com muita propriedade sobre o problema que uma interpretação extensiva do conceito de consumidor pode causar. Inicialmente, refere a experiência da França, dizendo que neste país vigorava um entendimento restritivo, o qual foi ampliado pela jurisprudência para aqueles casos de pequenos empresários ou profissionais liberais, que não detinham conhecimentos técnicos e atuavam fora de sua atividade precípua.

Seguindo a sua análise, a citada jurista refere que na Bélgica é criticada esta ampliação conceitual francesa, uma vez que naquele país é entendido que "só uma definição subjetiva e restrita da pessoa do consumidor permite identificar o grupo mais fraco na relação de consumo, único que mereceria a tutela especial do direito". Além disso, ainda na Bélgica, somente as pessoas jurídicas sem fins lucrativos podem ser equiparadas a consumidores.

---

[54] *Contratos no Código de Defesa do Consumidor*, ob. cit., p. 102 e 103.

Todavia, a experiência que mais releva é a vivida na Alemanha, merecendo ser feita a transcrição dos ensinamentos, tendo em vista a sua clareza e precisão:[55]

"Outra experiência significativa no direito comparado é a da lei alemã de 1976, sobre as condições gerais dos contratos, conhecida pela sigla AGB – Gesetz. Note-se que esta lei alemã optou desde 1976, por controlar também as condições gerais inseridas em contratos entre dois profissionais ou comerciantes. Mas, supondo que nesses casos haveria um maior equilíbrio no poder de barganha e discussão do conteúdo, tentou reduzir a proteção concedida, ao considerar aplicável somente a cláusula geral proibitória de cláusulas abusivas contrárias à boa-fé do § 9º da lei (§ 24 da AGB – Gesetz) (...)".

"Mas, a jurisprudência alemã acostumada até 1976 a controlar o conteúdo de todos os contratos de modo a garantir o cumprimento do princípio basilar do sistema jurídico alemão, o princípio da boa-fé, acabou por interpretar extensivamente a cláusula geral do § 9º da lei e a conceder praticamente a mesmo tutela aos contratos entre comerciantes. O resultado deste alargamento do campo de aplicação da lei foi decisivo e, hoje, mais de 50% dos casos de aplicação da lei nos Tribunais referem-se a litígios entre comerciantes, o que reduz o nível de proteção concedido pela jurisprudência".

As circunstâncias acima declinadas permitem apreender os grandes malefícios que uma incorreta interpretação legal pode acarretar.

Com efeito, vislumbra-se na experiência alemã a injustificável sobrecarga outorgada ao Poder Judiciário, o qual deixa de apreciar questões onde, efetivamente, existam consumidores, para gastar tempo e estrutura jurisdicional preciosos com parcela do mercado de consumo que tradicionalmente sempre se auto-regulou.

---

[55] Cláudia Lima Marques, op. cit., p. 103.

É sabido que os empresários, desde a época do escambo, buscaram solucionar seus litígios pela conciliação e valendo-se da informalidade dos usos e costumes comerciais. Todavia, na medida em que é facilitado o acesso à Justiça e quando novos mecanismos legais para consumidores (conceito *standard*) são oportunizados, indistintamente, obviamente surgirão muitas contendas judiciais, protagonizadas por pseudoconsumidores.

Mais uma vez, diga-se, quando outras maneiras de resolução de conflitos existirem no aparato legislativo, não é justificável a adoção das normas restritas do Código de Defesa do Consumidor, aplicáveis somente para aqueles que delas realmente necessitam.

Em síntese, a estrutura estatal legal deve sempre buscar ampliar as possibilidades de auto-regulamentação, a fim de que o recurso ao amparo do Poder Judiciário seja a exceção, e não a regra, pois é sabido que muitas vezes são intentadas e contestadas ações com o fito exclusivo de "ganhar tempo", ocorrendo exatamente aquilo que fora alertado pela eminente jurista Cláudia Lima Marques.

Voltando especificamente aos aspectos da conceituação do artigo 2º do CDC, percebe-se que o conceito *standard* pressupõe a existência de relação contratual, o que se depreende das expressões *adquirir* ou *utilizar*, pois nenhuma empresa profissional, proprietária do produto ou do serviço, permitiria qualquer destas ações fora de um contrato.

Outro aspecto a ser abordado é o de que consumidor pode ser uma pessoa física ou jurídica, ficando esta oportunidade legal vinculada à configuração do requisito da "destinação final", este sim um dos pontos de maior polêmica do assunto.

Para Maria Antonieta Zanardo Donato,[56] a conceituação da destinação final é a seguinte:

> "Destinatário final é aquele destinatário fático e econômico do bem ou serviço, seja ele pessoa jurídica ou física. Assim não basta ser destinatário fático do produto,

---

[56] *Proteção ao Consumidor, Conceito e Extensão*. São Paulo: RT, 1994, p. 90/91.

isto é, retirá-lo do ciclo produtivo. É necessário ser também destinatário final econômico, ou seja, não adquiri-lo para conferir-lhe utilização profissional, pois o produto seria reconduzido para a obtenção de novos benefícios econômicos (lucros) e que, cujo custo estaria sendo indexado no preço final do profissional. Não se estaria, pois, conferindo a esse ato de consumo a finalidade pretendida: a destinação final".

Na mesma linha de entendimento, Toshio Mukai[57] assim se manifesta:

"(...) a pessoa jurídica só é considerada consumidor, pela Lei, quando adquirir ou utilizar produto ou serviço como destinatário final, não, assim, quando o faça na condição de empresário de bens e serviços com a finalidade de intermediação ou mesmo como insumos ou matérias-primas para transformação ou aperfeiçoamento com fins lucrativos (com o fim de integrá-los em processo de produção, transformação, comercialização ou prestação a terceiros)".

Para José Geraldo Brito Filomeno[58] prevaleceu

"(...) a inclusão das pessoas jurídicas igualmente como 'consumidores' de produtos e serviços, embora com a ressalva de que assim são entendidas aquelas como destinatárias finais dos produtos e serviços que adquirem, e não como insumos necessários ao desempenho de sua atividade lucrativa".

Disse o autor acima citado, ainda, que:

"(...) mais racional sejam consideradas aqui as pessoas jurídicas equiparadas aos consumidores hipossuficientes (...)".

Arruda Alvim, Thereza Alvim, Eduardo Arruda Alvim e James Marins[59] já consideram que:

---

[57] *Comentários ao Código de Defesa do Consumidor*. São Paulo: Saraiva, 1991, p. 6.

[58] *Código Brasileiro de Defesa do Consumidor*, ob. cit., p. 27.

[59] *Código do Consumidor Comentado*, ob. cit., p. 30.

"(...) a pessoa jurídica – empresa – que adquire ou utiliza o produto como destinatária final, não o incorporando em outro, nem revendendo-o, terá a proteção deste Código inclusive para as hipóteses de vício do produto".

Com tais subsídios doutrinários, fica mais fácil formular algumas definições.

Inicialmente, resulta definido, até pelo comando legal específico, que a pessoa jurídica efetivamente recebe a proteção da Lei Consumerista. Entretanto, isto acontecerá somente naqueles casos em que a eventual aquisição feita pela empresa não seja reconhecida como insumo.

Insumo, na conceituação de Aurélio Buarque de Holanda Ferreira,[60] é a

"(...) combinação dos fatores de produção (matérias-primas, horas trabalhadas, energia consumida, taxa de amortização, etc.) que entram na produção de determinada quantidade de bens ou serviço (...)".

Ou seja, insumo é tudo aquilo que entra na cadeia produtiva e, sendo considerado custo para a confecção do produto ou serviço, acaba sendo pago pelo consumidor, por intermédio do preço final.

Dois aspectos do que seja destinação final evidenciam-se.

O primeiro deles diz respeito à definição de destinação final fática, a qual corresponde ao conceito de consumo em que o produto ou serviço são gastos, extintos, devorados, esgotados, destruídos, etc.

Esta definição, entretanto, é notoriamente insatisfatória, pois todas as empresas, de maneira direta ou indireta, consomem produtos ou serviços na cadeia produtiva e é sabido que o Código de Proteção e de Defesa do Consumidor não foi criado para o amparo de tais agentes econômicos, na forma já salientada.

---

[60] *Novo Dicionário Aurélio da Língua Portuguesa*. 2ª ed., Rio de Janeiro: Nova Fronteira, p. 954.

De fato, imaginemos que seja transferida para a realidade brasileira a insólita experiência ocorrida na Alemanha, e nosso País passasse a receber grandioso número de demandas entre empresas, com base no CDC. O resultado seria catastrófico, pois já são imensas as críticas alegando a ineficiência do aparato judiciário, o qual se tornaria inviável, caso este fosse o caminho adotado, e não o do estímulo ao ajuste, uso e costume ordinário no meio empresarial, que muito bem sabe avaliar as variáveis tempo, custo, lucro e utilidade objetiva de conduta.

Assim, a definição de destinatário final econômico é a que se afeiçoa aos objetivos da Política Nacional das Relações de Consumo, pois, segundo informa este conceito, na visão da Professora Cláudia Lima Marques,[61] consumidor seria aquele que:

> "(...) coloca um fim na cadeia de produção (*destinatário final econômico*) e não aquele que utiliza o bem para continuar a produzir, pois ele não é o consumidor-final, ele está transformando o bem, utilizando o bem para oferecê-lo por sua vez ao seu cliente, seu consumidor".

O destinatário final econômico, portanto, efetivamente retira o bem ou serviço do *iter* produtivo, podendo, já que tal critério seria eminentemente objetivo e casuístico, abranger tanto pessoas físicas como jurídicas ou morais (denominação Francesa para escolas, associações sem fins lucrativos, sociedades, agrupamentos).

Assim, é preciso analisar no caso concreto se o bem ou serviço adquirido por determinada empresa participará, de fato, da composição do preço final do produto ou serviço, de maneira ordinária, ou se, simplesmente, sua aquisição foi orientada para a satisfação de uma necessidade não-produtiva da pessoa jurídica.

Como exemplo, o serviço de transporte de pneus do distribuidor para a montadora de veículos recebe o pagamento de preço que será acrescentado no preço final do automóvel. Dessarte, não poderá a montadora, em eventual problema

---

[61] *Contratos no Código de Defesa do Consumidor*, ob. cit., p. 107.

surgido no transporte, ingressar em juízo com base no CDC, alegando sua condição de consumidora, pois a questão deverá ser tratada à luz das regras do Código Empresarial (Livro II do Código Civil), o qual disciplina o relacionamento negocial entre profissionais.

De outra forma, na hipótese de uma empresa fabricante de camisas adquirir um bebedouro para os funcionários, entendemos que estará preenchido um dos requisitos para o reconhecimento da condição de consumidora da pessoa jurídica.

Ora, se aquele que vem a consumir o bem-da-vida, sendo o destinatário final ou o último elo da cadeia econômica, por não repassar os custos da aquisição ao mercado, é denominado consumidor, lógico seria que aquele que adquire o bem-da-vida como insumo, repassando os custos e, em conseqüência, sendo um elo intermediário da mesma cadeia, fosse denominado "insumidor".

Questão importantíssima a ser avaliada, também, diz respeito ao reconhecimento ou não da vulnerabilidade e hipossuficiência da pessoa jurídica.

Arruda Alvim, Thereza Alvim, Eduardo Alvim e James Marins[62] não concordam com a necessária presença do elemento hipossuficiência para que seja a pessoa jurídica caracterizada como consumidora.

José Geraldo Brito Filomeno, todavia, na forma já citada acima, entende que tal requisito é fundamental.

Deve ser destacado, como analisado anteriormente, que as noções de hipossuficiência e de vulnerabilidade não se confundem.

Nossa opinião dirige-se no sentido de considerar que hipossuficiência é um critério processual consagrado no artigo 6º, inciso VIII, do CDC, o qual busca estabelecer um paradigma para o reconhecimento de eventual desigualdade no seio do processo.

---

[62] Ob. cit., p. 23.

Ou seja, pelas regras da experiência, o juiz aferirá as dificuldades de arcar com os custos processuais, com a produção de provas, com a deficiência de fontes de informação e tudo mais que indique uma disparidade razoável entre os litigantes.

A vulnerabilidade, contudo, apresenta-se antes do processo e corresponderia a um critério de direito material, onde a submissão em termos de conhecimentos técnicos, entre o fornecedor e o consumidor, faz com que este seja reconhecido vulnerável em relação àquele.

A maneira de constatar esta submissão é dada por Thierry Bourgoignie,[63] lições que devem ser transcritas:

"Partindo-se da presunção que o profissional não é um consumidor, deve ser deixada ao profissional a faculdade de tomar esta qualidade, desde que ele preencha duas condições, que se acumulam: de uma parte, a ausência de similitude entre o bem e o serviço que são objeto do ato para o qual o profissional reclama sua qualidade de consumidor, e os bens ou serviços que são objeto de sua especialidade comercial ou profissional; de outra parte, a pequena dimensão de sua empresa revela uma presumível fraqueza no mercado. A qualidade de consumidor ver-se-á recusada ao profissional, mesmo de dimensão modesta e sem força efetiva no mercado, que opera, por necessidade de sua atividade comercial ou profissional, operações ligadas a sua especialidade. Ela (qualidade de consumidor) também será recusada ao profissional que atua fora de sua especialidade, e portanto sem particular capacidade mas cuja dimensão ou sua posição no mercado lhe confere alguma força de negociação".

Importante, então, a cumulação dos critérios acima expostos, não podendo ser olvidado que sempre deverá ser procedida uma avaliação restritiva da situação, pois, na dúvida, necessariamente prevalece o entendimento de que consumidor é, apenas, o não-profissional.

---

[63] O Conceito Jurídico de Consumidor. *Revista Direito do Consumidor,* volume 2, São Paulo: RT, p. 31.

Desta forma, nem toda pessoa jurídica aparentemente vulnerável será consumidora, eis que poderá sua atividade ordinária possuir afinidade com o produto ou serviço adquiridos, assim como nem toda pessoa jurídica aparentemente não-vulnerável poderá ter recusada a condição de consumidora, quando os bens ou serviços adquiridos estejam completamente afastados da realidade cotidiana e produtiva da empresa.

Conforme expressa Cláudia Lima Marques, o reconhecimento da pessoa jurídica como consumidora deve ocorrer excepcionalmente, ficando ordinariamente outorgada tal condição às pessoas físicas, naturalmente desiguais no mercado de consumo, em relação às empresas fornecedoras.

Merece comentários, igualmente, a questão de que não somente a compra e venda caracteriza a conceituação *standard* de consumidor.

De fato, a aquisição e a obtenção de posse, nas suas mais variadas formas, é que são os indicadores precípuos do conceito.

Ocorre que o consumidor pode ter recebido o produto por doação, permuta, etc., diversamente do serviço, o qual deve ser remunerado.

Pode ter recebido uma amostra grátis e assim outras tantas situações podem ocorrer, pelo que se faz imprescindível a referência.

O Superior Tribunal de Justiça acolhe as duas teses acima expostas, sendo exemplos os seguintes acórdãos:

"Conflito de Competência 32.270/SP (2001/0081749-1)
Conflito de Competência. Foro de Eleição. Prevalência. Na compra e venda de sofisticadíssimo equipamento destinado a realização de exames médicos – levada a efeito por pessoa jurídica nacional e pessoa jurídica estrangeira – prevalece o foro de eleição, seja ou não uma relação de consumo. Conflito conhecido para declarar competente o MM. Juiz de Direito da 16ª Vara Cível de São Paulo.
Brasília, 10 de outubro de 2001 (data do julgamento).
Ministro Ari Pargendler, Relator.

VOTO

Exmo. Sr. Ministro Ari Pargendler (Relator): O desate desse conflito de competência depende de saber se, no caso, há uma relação de consumo, ou não. Identificada a relação de consumo, a cláusula de eleição de foro será desconsiderada nos termos da jurisprudência do Superior Tribunal de Justiça. Salvo melhor juízo, a compra e venda de sofisticadíssimo equipamento destinado a realização de exames médicos – levada a efeito por pessoa jurídica nacional e pessoa jurídica estrangeira – não constitui uma relação de consumo.

O ponto foi bem examinado por Luiz Antonio Rizzato Nunes, que assim concluiu sua elaborada argumentação:

'(...) o CDC não regula situações nas quais, apesar de se poder identificar um 'destinatário final', o produto ou serviço é entregue com a finalidade específica de servir de 'bem de produção' para outro produto ou serviço e via de regra não está colocado no mercado de consumo como bem de consumo, mas como de produção; o consumidor comum não o adquire' (*Comentários ao Código de Defesa do Consumidor*, São Paulo, Saraiva, 2000, p. 87/88).

Também, Cláudia Lima Marques:

'O destinatário final é o Endverbraucher, o consumidor-final, o que retira o bem do mercado ao adquirir ou simplesmente utilizá-lo (destinatário final fático), aquele que coloca um fim na cadeia de produção (destinatário final econômico) e não aquele que utiliza o bem para continuar a produzir, pois ele não é o consumidor-final, ele está transformando o bem, utilizando o bem para oferecê-lo por sua vez ao seu cliente, seu consumidor' (*Contratos no Código de Defesa do Consumidor*, 3ª ed. São Paulo, RT, p. 150) (...)'.

"Recurso Especial 680.571/BA (2004/0052497-7)
Arrendamento mercantil de equipamentos médicos. Código de Defesa do Consumidor. Precedente da Segunda Seção.

1. A relação jurídica de arrendamento mercantil de equipamentos médicos submete-se ao regime do Código de Defesa do Consumidor.

2. Recurso especial conhecido e provido.

VOTO

O Exmo. Sr. Ministro Carlos Alberto Menezes Direito: A empresa recorrida interpôs agravo de instrumento em ação de revisão de contrato de arrendamento mercantil de equipamentos médicos sofisticados e indenização ajuizada pela empresa recorrente alegando incompetência do Juízo Especializado de Defesa do Consumidor alegando que não existe relação de consumo.

Com todo respeito àqueles que têm entendimento em sentido contrário, persisto na convicção de que as relações decorrentes do contrato de arrendamento mercantil estão submetidas à disciplina do Código de Defesa do Consumidor. Pretende o Tribunal de origem estabelecer o conceito de destinatário final excluindo a Clínica autora, porque os equipamentos destinam-se à prestação de serviços para seus clientes. Ora, não me parece razoável que essa circunstância desqualifique a relação de consumo. De fato, quando a arrendatária celebra o contrato, ela o faz como destinatária final do arrendamento. O que afastaria a identificação de destinatário final seria a circunstância do equipamento ser incorporado como parte de outro equipamento revendido pela fabricante, tal e qual ocorre com os componentes, por exemplo, de veículos automotores, em que o fabricante de determinado equipamento fornece-o ao fabricante do veículo, o objeto da venda. Aí sim não há falar em destinatário final do fabricante do automóvel, ou do avião, ou da geladeira. Mas no caso dos equipamentos médicos isso não ocorre. Não há nem incorporação a outro equipamento nem repasse do equipamento para terceiro. A empresa arrendadora nada mais é do que prestadora de serviços de arrendamento mercantil e a empresa arrendatária, por seu turno, responde pelos serviços médicos que oferece aos seus clientes, ambas devendo responder nas relações contratuais existentes nos termos do Código de Defesa do Consumidor.

Já na Segunda Seção há precedentes que indicam estar a relação de arrendamento mercantil subordinada ao Código de Defesa do Consumidor (CC n° 39.365/SP, Relator o Ministro Fernando Gonçalves, DJ de 15/3/04).

Anoto, por derradeiro, que não se trata aqui de examinar questão relativa à existência de hipossuficiência para os efeitos da cláusula de eleição de foro.

Eu conheço do especial e lhe dou provimento para afastar a incompetência da Vara Especializada, retornando os autos ao Tribunal de origem para que prossiga no exame das demais questões ventiladas no recurso.

Brasília (DF), 12 de abril de 2005 (data do julgamento).

Ministro Carlos Alberto Menezes Direito, Relator".

"Recurso Especial n° 733.560/RJ (2005/0038373-4)

Consumidor. Recurso especial. Pessoa jurídica. Seguro contra roubo e furto de patrimônio próprio. Aplicação do CDC.

O que qualifica uma pessoa jurídica como consumidora é a aquisição ou utilização de produtos ou serviços em benefício próprio; isto é, para satisfação de suas necessidades pessoais, sem ter o interesse de repassá-los a terceiros, nem empregá-los na geração de outros bens ou serviços.

Se a pessoa jurídica contrata o seguro visando a proteção contra roubo e furto do patrimônio próprio dela e não o dos clientes que se utilizam dos seus serviços, ela é considerada consumidora nos termos do art. 2° do CDC.

Recurso especial conhecido parcialmente, mas improvido.

Brasília (DF), 11 de abril de 2006 (data do julgamento).

Ministra Nancy Andrighi, Presidente e Relatora".

O Supremo Tribunal Federal, por sua vez, já analisou este tema, tendo decidido no sentido da corrente finalista, conforme decisão na Sentença Estrangeira Constestada – SEC n° 5847/IN – Grã-Bretanha (Inglaterra), *verbis*:

"Homologação de laudo arbitral estrangeiro. Requisitos formais: comprovação. Caução: desnecessidade. Incidência imediata da Lei nº 9.307/96. Contrato de adesão: inexistência de características próprias. Inaplicação do código de defesa do consumidor. 1. Hipótese em que restaram comprovados os requisitos formais para a homologação (RISTF, artigo 217). 2. O Supremo Tribunal Federal entende desnecessária a caução em homologação de sentença estrangeira (SE nº 3.407, Rel. Min. Oscar Corrêa, DJ de 07.12.84). 3. As disposições processuais da Lei nº 9.307/96 têm incidência imediata nos casos pendentes de julgamento (RE nº 91.839/GO, Rafael Mayer, DJ de 15.05.81). 4. Não é contrato de adesão aquele em que as cláusulas são modificáveis por acordo das partes. 5. O Código de Proteção e Defesa do Consumidor, conforme dispõe seu artigo 2º, aplica-se somente a 'pessoa física ou jurídica que adquire ou utiliza produto ou serviço como destinatário final'. Pedido de homologação deferido. Relator(a): Min. Maurício Corrêa, Julgamento: 01/12/1999. Órgão Julgador: Tribunal Pleno".

Ao final, deve ser dito que a jurisprudência possivelmente tenderá a se modificar, de certa forma perdendo força a divergência doutrinária apontada, porque os relacionamentos entre empresas poderão ser devidamente solucionados pelo Código Civil, sabido que, atualmente, este novo diploma legal contém disposições mais adequadas e modernas, tal como a responsabilidade civil objetiva, além de vários outros preceitos que visam a promover o princípio da igualdade real, quando, eventualmente, mesmo na relação entre profissionais, exista algum foco de prevalência de um em relação ao outro.

3.2. Da extensão do conceito de consumidor

O Código de Defesa do Consumidor procurou abranger todas as possibilidades de proteção aos efetivamente consumidores, aos potencialmente consumidores e, até mesmo, aos que sofrem reflexos de relações de consumo.

O parágrafo único do artigo 2º do CDC apresenta a coletividade como equiparada ao consumidor individualmente considerado.

A coletividade, então, receberia a mesma tutela do CDC, que é outorgada ao consumidor definido no *caput* do mesmo dispositivo.

Seguindo nesta análise, podemos afirmar que existem pressupostos específicos para a incidência da norma do parágrafo único do artigo 2º do CDC.

O primeiro deles é a necessária existência de uma relação de consumo, nos moldes descritos anteriormente.

Segundo Maria Antonieta Zanardo Donato,[64]

"(...) a intervenção da coletividade nas relações de consumo só poderá ocorrer a partir do momento que cada uma dessas pessoas haja intervindo, *per se*, na relação de consumo, na qualidade de destinatário final do produto ou serviço".

Refere a autora, ainda, que:

"(...) Regrar-se-ão, pois, as aplicações objetivas do parágrafo único do artigo 2º às normas do Código de Defesa do Consumidor na mesma esteira outorgada ao seu *caput*".

Ou seja, o parágrafo único trata de situação concreta, na qual a coletividade, de alguma forma – cada um dos seus integrantes adquirindo ou se utilizando do produto ou serviço – "haja intervindo nas relações de consumo".

Diferencia-se, portanto, da norma do artigo 29 do CDC, pois nesta está prevista a situação em que a coletividade está potencialmente na iminência de sofrer prejuízo, não havendo necessidade de efetiva intervenção em relação de consumo.

Assim, pode ser dito com tranqüilidade que o artigo 29 busca ampliar a conceituação do parágrafo único do artigo 2º,

---

[64] *Proteção ao Consumidor*, ob. cit., p. 187.

abarcando situações abstratas, no intuito de realizar um dos principais objetivos do Código, que é a defesa *preventiva do consumidor.*

Neste sentido, merece referência expressa a lição de Antônio Herman de Vasconcelos e Benjamin:[65]

"O conceito do art. 29 integrava, a princípio, o corpo do art. 2º. Como conseqüência do *lobby* empresarial que queria eliminá-lo por completo, foi transportado, por sugestão minha, para o capítulo V.

Não houve qualquer prejuízo. Mantém-se, não obstante a fragmentação do conceito, a abrangência da relação primitiva. O consumidor é, então, não apenas aquele que 'adquire ou utiliza produto ou serviço' (art. 2º), mas igualmente as pessoas 'expostas às práticas' previstas no Código (art. 29). Vale dizer: pode ser visto *concretamente* (art. 2º), ou *abstratamente* (art. 29). No primeiro caso impõe-se que haja ou que esteja por haver aquisição ou utilização. Diversamente, no segundo, o que se exige é a simples exposição à prática, mesmo que não se consiga apontar, concretamente, um consumidor que esteja em vias de adquirir ou utilizar o produto ou serviço".

No mesmo sentido é a lição de Fábio Ulhoa Coelho,[66] o qual afirma que:

"(...) as pessoas equiparadas ao consumidor pelo parágrafo único do art. 2º recebem a tutela de todo o Código, inclusive a constante dos Capítulos V e VI referidos, ao passo que as mencionadas pelo art. 29 são protegidas apenas no tocante à matéria destes capítulos, ou seja, as práticas comerciais e contratuais. Em assim sendo, as pessoas que 'hajam intervindo nas relações de consumo' fazem parte de um universo ou diferente ou mais restrito que o das pessoas 'expostas às práticas comerciais'. Se fosse inversa a relação, ou seja, se o conjunto abrangido

---

[65] *Código Brasileiro de Defesa do Consumidor.* 3ª ed. Rio de Janeiro: Forense Universitária, p. 147.

[66] *Comentários ao Código de Defesa do Consumidor.* São Paulo: Saraiva, 1991, p. 148.

pelo art. 2°, parágrafo único, compreendesse também o da norma ora analisada, esta seria inútil, posto que as pessoas nela referidas já se encontrariam protegidas em razão do outro dispositivo".

Nossa opinião é no sentido de que, em realidade, o universo é diferente, não podendo ser estabelecida qualquer comparação em termos de amplitude dos conceitos constantes nas duas normas. Apenas que um tem como preponderância a proteção de situação ocorrida, concreta, enquanto o outro conceito, constante na norma do artigo 29, é, prioritariamente, preventivo.

Dessarte, é possível concordar parcialmente com a posição de Maria Antonieta Donato,[67] quando diz que os conceitos básicos de consumidor, tanto a definição individual como a coletiva, estão no artigo 2° e seu parágrafo do CDC, bem como que, a partir deles, é que poderão ser feitas as ampliações eventualmente necessárias e, diga-se, desde que condizentes com o artigo 6° do CDC. Assim, as pessoas determináveis ou não do artigo 29 somente seriam amparadas pela lei protetiva na medida em que pudessem ser abstratamente, potencialmente, consideradas como destinatárias finais. Ou seja, em realidade, não são destinatárias finais, ainda, porque tal critério é objetivo, seja do ponto de vista fático ou econômico, e não poderia ser considerada ocorrida tal situação, quando a norma prevê hipótese abstrata. Todavia, é possível vislumbrar, em tal abstração, a possibilidade, a potencialidade, de que as pessoas eventualmente expostas a práticas abusivas possam vir a ser consideradas destinatárias finais, pelo que é correta a conclusão de que o fundamento, a base conceitual, é a mesma.

O mesmo não se diga relativamente à terceira extensão de conceito inclusa no artigo 17 do CDC.

Nesta, o requisito fundamental é que a pessoa seja vítima do evento danoso, pelo que não é pressuposto a existência da qualidade de destinatário final.

---

[67] *Proteção ao Consumidor*, ob. cit., p. 186 e ss.

É o caso do vizinho que é atingido na sua incolumidade física ou psíquica pela explosão de um vasilhame de gás. Nenhuma relação contratual possui com a empresa fornecedora do produto, sequer destinatário final daquele produto com defeito pode ser considerado e, mesmo nestas circunstâncias, será beneficiário das normas protetivas.

Nesta última abordagem do tema, é preciso ressaltar que a norma visa a equiparar determinadas pessoas a consumidores, ou seja, elas não seriam consumidores *stricto sensu*, mas, por integrarem o sistema que busca ser harmonizado, recebem a proteção do Código e consumidores *lato sensu* são considerados.

Neste sentido, mesmo a pessoa jurídica poderia se valer da norma para a obtenção de ressarcimento de prejuízos, sempre devendo ser relembrado que isto não significa que a empresa poderá se valer de todos os artigos do CDC, eis que a lei visa à igualdade dos desiguais, e não à desigualdade dos iguais. Nestas condições, mesmo como vítima de eventual acidente de consumo, permaneceriam as regras do Código de Processo Civil, sobre o ônus da prova, desde que a empresa não fosse reconhecida como hipossuficiente no processo e tivesse condições iguais à demandada, de produzir as provas necessárias, ou não fossem consideradas verossímeis suas alegações pelo juiz.

Aliás, é oportuno mencionar, neste momento, a importância da declaração de hipossuficiência imediatamente após a fase postulatória, na medida em que somente com tal definição – obviamente agravável – é que as partes poderão formular a sua estratégia processual, avaliando as necessidades de prova e, assim, podendo ser dado continuidade ao trâmite processual, inclusive com o pedido de julgamento antecipado da lide, caso algum dos contendores já tenha, declaradamente, adimplido o seu dever de provar.

Também nos casos em que pessoas jurídicas venham a sofrer prejuízos em decorrência de cláusulas abusivas (neste caso responsabilidade contratual, diversamente da constante no artigo 17, que é extracontratual) é feita distinção no Código, especificamente no artigo 51, inciso I, *in fine*, pelo que a tese acima declinada se afeiçoa à teleologia da Lei Protetiva.

Voltando ao conceito, o artigo 17 do CDC, conforme afirma Antonio Herman Benjamin:[68]

> "(...) protege não só o consumidor direto, aquele que adquiriu o produto ou serviço, como ainda qualquer outra pessoa afetada pelo bem de consumo. Aí se inclui até o *bystander*, ou seja, o mero espectador que, casualmente, é atingido pelo defeito".

O Superior Tribunal de Justiça tem se manifestado sobre o tema, sendo exemplo a decisão prolatada no acórdão cuja ementa transcrevemos, *verbis*:

> "Recurso Especial n° 772.248/SP (2005/0112153-5)
> Código de Defesa do Consumidor. Acidente Aéreo. Transporte de malotes. Relação de Consumo. Caracterização. Responsabilidade pelo fato do serviço. Vítimas do evento. Equiparação a consumidores. Artigo 17 do CDC.
> I – Resta caracterizada relação de consumo se a aeronave que caiu sobre a casa das vítimas realizava serviço de transporte de malotes para um destinatário final, ainda que pessoa jurídica, uma vez que o artigo 2° do Código de Defesa do Consumidor não faz tal distinção, definindo como consumidor, para os fins protetivos da lei, '(...) *toda pessoa física ou jurídica que adquire ou utiliza produto ou serviço como destinatário final*'. Abrandamento do rigor técnico do critério finalista.
> II – Em decorrência, pela aplicação conjugada com o artigo 17 do mesmo diploma legal, cabível, por equiparação, o enquadramento dos autores, atingidos em terra, no conceito de consumidores. Logo, em tese, admissível a inversão do ônus da prova em seu favor.
> Recurso especial provido.
> Brasília, 7 de fevereiro de 2006 (Data do Julgamento) Ministro Castro Filho, Relator".

---

[68] *Comentários ao Código de Defesa do Consumidor*. São Paulo: Saraiva, 1991, p. 81.

3.3. Conceito de fornecedor

O artigo 3º do CDC apresenta a definição de fornecedor, sendo que contém, ainda, uma série de outras ramificações conceituais, pelo que pretendemos apontar algumas delas, a fim de que possa ser apreendida com segurança a nossa posição doutrinária.

Comecemos, portanto, pelo elemento básico da definição, qual seja a noção de "desenvolvimento de atividades".

Atividade, para Aurélio Buarque de Holanda Ferreira,[69] é "1.qualidade ou estado de ativo; ação. 2. diligência, afã. 3. modo de vida; profissão".

Ou seja, necessária a existência de ação, no sentido de ato tendente a alterar o estado das coisas, transferindo bens-da-vida de uma pessoa para outra, seja física ou jurídica.

Veja-se que serviço também é considerado um bem-da-vida, pelo que o significado da palavra *atividade* abarca tanto este como o produto.

A própria lei consumerista declara expressamente que serviço "é qualquer atividade fornecida no mercado de consumo, mediante remuneração", pelo que é correta a assertiva.

Mas isso não basta, é preciso que seja apreendida a conceituação de desenvolvimento, bem como os motivos de alguém na execução de tal desiderato. Mais claramente, devem ser analisados em conjunto os vocábulos, exatamente como estão colocados na norma. Longe de intentar a formulação de interpretação meramente literal, o objetivo é chegar no fulcro do problema, calcados na teleologia da Lei Protetiva.

Assim, somente "desenvolve atividade" quem obtenha benefícios, ganhos e lucros, diretos ou indiretos, com tal ação, trazendo um novo elemento básico, que é a noção de profissionalidade.

Aliás, na própria transcrição do conceito gramatical de atividade está explícita a palavra *profissão*, a denotar que

---

[69] *Novo Dicionário Aurélio*, ob. cit., p. 194.

aquela ação busca determinados benefícios materiais para quem a exercita.

O doutrinador Paulo Luiz Neto Lôbo,[70] citando Vicenzo Pannucio, informa que:

"(...) atividade é um complexo de atos teleologicamente orientados, tendo continuidade e duração dirigidas a um fim. A atividade deve sempre tender a um resultado, constituindo um comportamento orientado".

Emergem da transcrição feita vários fatores que devem ser ressaltados.

Não bastasse a idéia de resultar do desenvolvimento de atividade um ganho para quem a executa, imprescindível que esta ação tenha continuidade e duração, surgindo, desta forma, a noção de organização e, sendo sinalizado, mais uma vez, para a importância do conceito de profissionalidade, já que somente se organiza para a consecução de um resultado lucrativo quem possui tal intento.

Na forma do que também disse Paulo Lôbo, na página supracitada,

"(...) atos jurídicos isolados não constituem atividade e, por suposto, não se inserem em relação contratual de consumo (...)".

Também decorrente da interpretação das palavras *continuidade* e *duração*, exsurge a conceituação de habitualidade, pois ninguém erigiria uma estrutura organizacional, com o fim de obtenção de um resultado finalístico lucrativo sem que tal ocorresse constantemente e de maneira reiterada no tempo.

Cláudia Lima Marques[71] apresenta as seguintes lições sobre o tema e que merecem transcrição:

"Quanto ao fornecimento de produtos o critério caracterizador é desenvolver *atividades* tipicamente *profissionais*,

---

[70] Contratos no Código do Consumidor: Pressupostos Gerais. *Revista Direito do Consumidor*, volume 6, São Paulo; RT, p. 135.

[71] *Contratos no CDC*, ob. cit., p. 115 e 116.

como a comercialização, a produção, a importação, indicando também a necessidade de uma certa habitualidade, como a transformação, a distribuição de produtos. (...) Quanto ao fornecimento de serviços, a definição do art. 3º do CDC foi mais concisa e, portanto, de interpretação mais aberta, menciona apenas o critério de desenvolver *atividades de prestação de serviços*. Mesmo o § 2º do art. 3º define serviço como 'qualquer atividade fornecida no mercado de consumo, mediante remuneração (...)', não especificando se o fornecedor necessita ser um profissional. A *remuneração* do serviço é o único elemento caracterizador, e não a profissionalidade de quem o presta".

Decorre dos ensinamentos acima o fundamental requisito da "remuneração" do serviço, um dos vetores da identificação da qualidade de fornecedor.

Desta forma, mesmo sendo determinada pessoa física ou jurídica uma executora habitual de específica atividade, necessário que exista remuneração. Por exemplo, um pedreiro realiza a construção de um muro para o seu vizinho e nada cobra, sendo que o muro cai em cima deste e de um terceiro, com a primeira chuva. Poderão o vizinho e o terceiro reclamar baseados nas normas do CDC? Existirá, neste caso, relação de consumo? Existirá, conseqüentemente, um acidente de consumo (art. 14 do CDC) , ou um incidente de consumo (art. 20 do CDC)?

A resposta a estas perguntas, em nossa ótica, é negativa, porquanto somente surgirá relação de consumo quando existir um consumidor e um fornecedor e, no caso, este último inexiste, em que pese o pedreiro poder ser, obviamente, considerado fornecedor em outros casos, nos quais tenha percebido pagamento em contraprestação de seu serviço.

Em seqüência, não existirá um acidente de consumo, pois, mesmo havendo danos físicos, carece o ocorrido da existência de relação de consumo, por não estar presente a figura do fornecedor do serviço, porquanto, a partir do momento em que o pedreiro não foi remunerado, desvestiu-se da sua qualidade ordinária. Neste caso, o problema deveria ser resolvido na esfera do Código Civil. Alerte-se, neste ponto da argumentação, que subjetivamente o pedreiro continua um profissional, mas objetivamente, no caso em tela, não, na medida em que o elemento *remuneração* possui caráter exclusivamente objetivo.

Incidente de consumo, por mais forte razão, não ocorreu, eis que é necessária a configuração de prejuízo patrimonial relacionado especificamente ao objeto da relação que, no caso, foi o serviço não-remunerado do pedreiro. Ora, como poderia o vizinho reclamar de um prejuízo se não pagou pelo serviço?

Deve ser ressaltado que a remuneração do serviço pode ser direta ou indireta, somente podendo ser feita tal distinção casuisticamente.

De fato, veja-se o exemplo das lavagens ditas gratuitas nos postos de serviços e de abastecimento. Ela é oferecida como uma forma de captação de clientela, pois o potencial consumidor ficará psicologicamente atraído e até mesmo com sentimento de dívida, por ter recebido um serviço aparentemente gratuito. É, verdadeiramente, uma maneira de publicidade subliminar, equiparada ao *merchandising*, a qual é paga pelo preço final e global dos outros produtos ou serviços adquiridos no estabelecimento.

Os estacionamentos em *shopping centers* e supermercados se amoldam à mesma situação, ou seja, a remuneração é efetivada de forma indireta.

Voltando às lições da eminente jurista Cláudia Lima Marques, acima transcritas, um outro aspecto precisa ser abordado.

Trata-se da afirmação no sentido de que a remuneração do serviço é o único elemento caracterizador da condição de fornecedor, não interessando a profissionalidade de quem o presta.

Discordamos deste entendimento, pois, em nossa maneira de encarar a questão, o requisito da profissionalidade é essencial.

Veja-se que o espírito teleológico do CDC é igualar os desiguais, motivo pelo qual é tentado pela Lei Protetiva igualar o consumidor ao fornecedor profissional, pois eles, na relação de direito material, são naturalmente desiguais, exatamente por causa do elemento profissionalidade, que contém as idéias de prevalência de conhecimentos técnicos, costume em realizar determinada atividade, reiteração, organização tendente à obtenção de um resultado finalístico lucrativo, etc.

Novamente, diga-se, que o próprio CDC (art. 3º, § 2º) esclarece que o serviço é "qualquer atividade fornecida no mercado de consumo, mediante remuneração (...)".

Por outro prisma, imaginemos que uma pessoa tenha conhecimentos de eletrônica e conserte um aparelho de televisão para seu vizinho e receba uma gorjeta. Será ele considerado fornecedor de serviço, para o fim de ressarcir eventual prejuízo causado ao proprietário do eletrodoméstico? Seria justificável desigualar pessoas naturalmente iguais? A resposta a ambas as perguntas é negativa, pois não é este o objetivo do Estatuto Protetivo.

Importante, neste sentido, a lição de Nelson Nery Júnior,[72] *verbis*:

"O consumo em sentido estrito não é objeto do regramento do CDC, mas apenas quando vem esse consumo qualificado com a circulação dos produtos e serviços, o que implica reconhecer que existem pelo menos dois sujeitos nessa relação, aos quais o CDC dá os nomes de consumidor e fornecedor (arts. 2º e 3º). A circulação dos produtos e serviços havida entre o consumidor e o fornecedor enseja a formação da relação de consumo, objeto do regulamento do CDC. As demais relações jurídicas (civis, comerciais, trabalhistas, etc.) não são reguladas pelo CDC".

---

[72] Os Princípios Gerais do Código Brasileiro de Defesa do Consumidor. *Revista Direito do Consumidor*, volume 3, São Paulo: RT, p. 46.

Relativamente a este assunto, o Superior Tribunal de Justiça define a questão na decisão prolatada no julgamento, cuja ementa do acórdão transcrevemos:

"Recurso Especial nº 519.310/SP (2003/0058088-5) Processual civil. Recurso especial. Sociedade civil sem fins lucrativos de caráter beneficente e filantrópico. Prestação de serviços médicos, hospitalares, odontológicos e jurídicos a seus associados. Relação de consumo caracterizada. Possibilidade de aplicação do código de defesa do consumidor.

Para o fim de aplicação do Código de Defesa do Consumidor, o reconhecimento de uma pessoa física ou jurídica ou de um ente despersonalizado como fornecedor de serviços atende aos critérios puramente objetivos, sendo irrelevantes a sua natureza jurídica, a espécie dos serviços que prestam e até mesmo o fato de se tratar de uma sociedade civil, sem fins lucrativos, de caráter beneficente e filantrópico, bastando que desempenhem determinada atividade no mercado de consumo mediante remuneração.

Recurso especial conhecido e provido.

Brasília (DF), 20 de abril de 2004 (Data do Julgamento) Ministra Nancy Andrighi, Relatora".

Por fim, é importante referir que o Estatuto de Defesa do Torcedor (Lei nº 10.671, de 15 de maio de 2003), prevê a existência de várias equiparações a fornecedor, como por exemplo, nas normas dos seguintes dispositivos:

"Art. 3º. Para todos os efeitos legais, equiparam-se a fornecedor, nos termos da Lei nº 8.078, de 11 de setembro de 1990, a entidade responsável pela organização da competição, bem como a entidade de prática desportiva detentora do mando de jogo".

Percebe-se o nítido caráter culturalista[73] (o Código Civil, assim como o CDC, são diplomas "culturalistas", pois têm na

---

[73] Sobre o tema, v. Judith Martins-Costa e Gerson Luiz Carlos Branco. *Diretrizes Teóricas do Código Civil Brasileiro*. São Paulo: Saraiva, 2002.

"cultura" – resultado de tudo aquilo que o ser humano "experiencia" de modo relevante – a pedra fundamental das previsões normativas), quando dispõe que o "mando de campo" será fundamental para o reconhecimento ou não da figura do fornecedor. A importância disso é imensa, pois o Clube de Futebol que não estiver com o "mando de campo", na hipótese de ocorrência de algum evento danoso ao consumidor, não será responsabilizado. O outro, detentor do "mando de jogo", será considerado fornecedor e, conseqüentemente, poderá ser responsabilizado.

Ainda é possível identificar novos fornecedores equiparados nos artigos 14, 15 e 19, os quais transcrevemos:

"Art. 14. Sem prejuízo do disposto nos arts. 12 a 14 da Lei nº 8.078, de 11 de setembro de 1990, a responsabilidade pela segurança do torcedor em evento esportivo é da entidade de prática desportiva detentora do mando de jogo e de seus dirigentes (...)".

"Art. 15. O detentor do mando de jogo será uma das entidades de prática desportiva envolvidas na partida, de acordo com os critérios definidos no regulamento da competição".

"Art. 19. As entidades responsáveis pela organização da competição, bem como seus dirigentes respondem solidariamente com as entidades de que trata o art. 15 e seus dirigentes, independentemente da existência de culpa, pelos prejuízos causados a torcedor que decorram de falhas de segurança nos estádios ou da inobservância do disposto neste capítulo".

Esta atualização dos conceitos é importante, porque o futebol assumiu, nos dias de hoje, uma relevância social inegável, estando presente, também neste ramo de atividades, evidente interesse público, haja vista que movimenta massas humanas apaixonadas para os Estádios, podendo resultar, destas concentrações humanas, problemas de grandes e graves proporções.

Não bastasse isso, o futebol é um idôneo mecanismo de desenvolvimento social, gerando diversão, mas, principalmente, empregos, programas educacionais e de auxílio às comunidades, motivo pelo qual se tornou fundamental uma regulação normativa que o guindasse, com justiça, ao patamar de importância que assumiu para a sociedade brasileira.

4

Do objeto da relação de consumo

4.1. Produto

Toda relação necessariamente possui um objeto, que é o motivo pelo qual a reciprocidade de ações acontece.

No caso em exame, a relação de consumo pode ter como objeto um produto ou um serviço.

Comecemos, então, pela conceituação de produto.

James Marins,[74] citando João Marcelo de Araújo Junior, afirma que:

"(...) no CDC, a palavra produto é empregada em sentido econômico, como fruto da produção (...) e conclui dizendo que (...) Produto é, portanto, um bem. Algo elaborado por alguém, com o fim de colocá-lo no comércio para satisfazer uma necessidade humana".

José Geraldo Brito Filomeno[75] entende que melhor teria andado o legislador consumerista se falasse em:

"(...) bens e não produtos, mesmo porque, como notório, o primeiro termo é bem mais abrangente do que o segundo, aconselhando tal nomenclatura, aliás, a boa técnica jurídica, bem como da economia política".

Por sua vez, Maria Antonieta Zanardo Donato[76] ensina que:

---

[74] *Responsabilidade da Empresa Pelo Fato do Produto*. São Paulo: RT, 1993, p. 79.

[75] *Código Comentado*, ob. cit., p. 31.

[76] *Proteção ao Consumidor*, ob. cit., p. 115 e 116.

"(...) o legislador, ao valer-se da expressão *produtos* para assim englobar aquelas categorias de bens explicitadas pelo próprio conceito, fê-lo de modo extremamente coerente ao próprio sistema em que está integrado o direito do consumidor, ou seja, o sistema econômico. Economicamente, a palavra *produto* designa a totalidade dos bens existentes em uma dada época, v.g., 'produto nacional bruto', 'produto interno bruto', etc. Pretende-se, como observamos, a coesão do sistema jurídico ao sistema econômico, devendo, pois, a ordem jurídica adequar-se ao sistema econômico e não ao contrário como pretendem alguns".

O CDC, no artigo 3º, § 1º, conceitua produto como sendo "qualquer bem, móvel ou imóvel, material ou imaterial".

A definição legal é bastante clara e auto-explicativa, sendo de salientar-se um dado fundamental, que é a ausência do requisito da remuneração, ao contrário do que ocorre com o serviço, para que o produto seja considerado como objeto de relação jurídica de consumo.

Assim, as amostras grátis colocadas no mercado de consumo responsabilizarão o agente econômico sempre que vierem a causar danos aos consumidores ou pessoas a eles equiparadas, nos chamados acidentes de consumo, previstos a partir do artigo 12 até o 17, inclusive, assunto este que será abordado posteriormente.

Aprofundando a análise do conceito legal, é importante transcrever as lições de José Cretella Junior,[77] citando Trigo de Loureiro (*Instituições de Direito Civil Brasileiro*, p. 167):

"Bem: no campo jurídico é 'tudo aquilo que, servindo de utilidade aos homens, pode estar sujeito ao seu poder e, por isso mesmo, ser objeto de direitos'. Nesta definição, o clássico civilista equiparou bens a coisas. Na realidade, *bem* é toda coisa relevante para o direito, tendo valor econômico. Nesta acepção, *produto* é toda coisa que, por ter valor econômico, entra no campo jurídico, sendo ob-

---

[77] *Comentários ao Código do Consumidor*. Rio de Janeiro: Forense, 1992, p. 14 e 15.

jeto de cogitação, pelo homem, quando parte integrante de relação jurídica".

Seguindo nestes ensinamentos, podemos afirmar que *bens móveis* são aqueles que podem ser removidos de um lugar para outro, por ato próprio ou alheio, ficando evidenciado, assim, que os semoventes se enquadram, também, nesta definição legal.

Quanto aos *bens imóveis* não existem maiores problemas, estando eles devidamente conceituados nos artigos 79 a 81 do Código Civil.

Os *bens materiais*, por sua vez, da mesma forma não trazem dificuldades de entendimento. Apesar de não se encontrarem definidos no direito positivo brasileiro, podem ser compreendidos quando contrapostos aos bens imateriais.

Então, *bens imateriais* são os que não podem ser apreendidos, pesados, ou seja, não são palpáveis, embora possam ser avaliados economicamente.

Podemos citar, como exemplos, a diversão oferecida pelas casas de espetáculos, as galerias de arte, os museus, etc. Em todas estas situações, não se configura qualquer tipo de ocorrência de consumo na acepção literal da palavra, que comumente induz à noção de "destruição", "gasto", "corrosão", em suma, no sentido de finalização. Emerge, isto sim, o conceito de satisfação de uma necessidade da pessoa, que é fundamental para a obtenção precisa da definição de bem imaterial.

Sobre este tema, James Marins[78] comenta que o CDC considera os bens corpóreos ou incorpóreos como suscetíveis de serem objeto de relação de consumo. Aduz o referido Mestre, que se incluem "(...) entre os bens subsumíveis ao § 1º deste art. 3º a eletricidade e o gás (butano ou propano) p.ex., fornecidos por empresas públicas ou privadas".

Além disso, existem aqueles bens imateriais intangíveis, tais como direito de propriedade, de servidão, etc., que podem ser objeto de valoração econômica e, conseqüentemente,

---

[78] *Responsabilidade da Empresa Pelo Fato do Produto*, ob. cit., p. 79, nota 174.

são capazes de satisfazer necessidades, podendo, assim, figurar como objeto de relação jurídica de consumo.

Após todas estas abordagens, podemos afirmar que a conceituação declinada por Maria Antonieta Zanardo Donato contém o elemento básico da definição, que é a tentativa, consubstanciada na Lei Protetiva, de realizar uma vinculação harmônica entre o mundo jurídico e o econômico, aquele sempre adequando-se a este. Neste intento, o mundo jurídico não pode estar afastado da realidade, devendo a normatividade buscar conformar-se à consolidação do "ser", ao invés do "dever-ser", pois este, muitas vezes, não atende aos anseios da sociedade.

Concluindo, entendemos que qualquer bem pode ser produto, desde que vise à satisfação de uma necessidade de pessoa e, em conseqüência, seja objeto de relação jurídica de consumo.

4.2. Serviço

A conceituação de serviço encontra-se explicitada no artigo 3°, § 2°, do CDC.

Serviço, como objeto de relação jurídica de consumo, tem como elemento fundamental a existência de remuneração.

Esta, por sua vez, pode ser realizada de maneira direta ou indireta, vindo à tona, então, todas aquelas situações já aventadas anteriormente, quando o fornecedor realiza atos promocionais, aparentemente gratuitos, com o objetivo de atrair clientela.

Por isso é importante que, casuisticamente, seja feita a verificação relativamente a este aspecto, pois são múltiplas e variadas as maneiras de cobrar indiretamente, que o mercado de consumo moderno costuma criar.

Até mesmo podemos vislumbrar, em algumas hipóteses, a ocorrência de delitos contra a ordem econômica, como é o caso da "venda casada", prática subliminar que obriga o consumidor a adquirir produto ou serviço que tem seu preço embutido em outro, mas a publicidade oferece como gratuito, sem que se lhe dê oportunidade de escolha.

Exemplo disso é o que acontece, em larga escala, nos contratos bancários, que obrigam o consumidor a adquirir, juntamente com eventual financiamento, mútuo ou contas-correntes especiais, também seguros, em manobra típica de venda imposta de outro serviço, sem que o tomador do dinheiro tenha opção de escolha.

Aliás, neste particular, deve ser mencionada a insistência de grandes ramos da atividade econômica do País, no sentido de se verem excluídos da abrangência do Código de Defesa do Consumidor, o que somente tem contribuído para lotar os foros judiciais de ações, situação esta digna de nota, eis que em nada contribui, tal atitude, para a realização da harmonia do mercado de consumo, segundo prevê o artigo 4º do CDC.

Com efeito, os serviços de natureza bancária, financeira, creditícia e securitária estão literalmente previstos no artigo 3º, § 2º, do CDC, pelo que não pode existir qualquer dúvida.

Mesmo assim, perduram as contestações judiciais sobre o tema.

A Doutrina predominante qualifica as atividades bancárias como "serviços", tendo sido este o objetivo do legislador consumerista, tanto é que escrevem nestes termos, nos seus comentários à Lei Protetiva, os elaboradores do anteprojeto que veio a se converter na Lei nº 8.078/90.

Em realidade, quem recebe um crédito consome sim, pois "gasta" o dinheiro, pelo que a hipótese se enquadra perfeitamente na definição de consumo.

Um dos argumentos de algumas Instituições Bancárias, para não se verem abrangidas pela norma consumerista, é o de que o dinheiro volta às mãos do fornecedor, pois é um crédito concedido.

Tal linha de posicionamento, entretanto, pode ser facilmente rebatida, bastando, para tanto, a formulação de alguns exemplos.

Vejamos, então, o aluguel de um veículo automotor. Voltará ele às mãos da empresa locatária. Neste caso, seria admissível dizer que não há relação de consumo?

Por outro lado, na locação de veículo, o consumidor paga pelo transporte.

E o tomador de crédito da mesma forma, o numerário recebido será o "veículo", muitas vezes o único "transporte", a única "via" para que alguém possa atingir o seu destino, ou seu desiderato, que será a aquisição de outros bens ou a abertura e continuidade de uma atividade qualquer da vida.

Em suma, oferecer crédito no mercado é prestar serviço, serviço este que será pago pelo fato de ter sido por causa deste "aluguel de dinheiro" que o consumidor teve satisfeitas suas necessidades finais de viabilização de um objetivo, segurança, oportunidade e outras utilidades necessárias à vida em sociedade.

Outro exemplo: quem paga e entra em um museu gasta, destrói ou corrói obras lá expostas? Obviamente que não.

Os exemplos servem para provar que ser destinatário final, ser consumidor, não é uma qualificação que possa ser obtida, exclusivamente com critérios objetivos, mas, principalmente, subjetivos.

Fica, portanto, bastante evidenciado que a pessoa que tem a oportunidade de pagar parceladamente um carro, que não teria como adquirir de uma vez só, está sendo beneficiada com um serviço e, exatamente por isso, paga por ele e tem o direito de ver reconhecidas as prerrogativas legais que o Código do Consumidor lhe outorga.

Não existe outra maneira de ver o problema, *data venia*, a menos que seja criado um privilégio excepcional para as empresas bancárias, financeiras, creditícias e securitárias.

Além do mais, não se pode olvidar da norma estatuída no artigo 52 do CDC, a qual é igualmente expressa no que tange ao fornecimento de produtos ou serviços que envolvam outorga de crédito ou a concessão de financiamento ao consumidor.

Como conclusão, sempre que o fornecedor oferecer "contratos" como forma de formalização e concretização de regras relativas à prestação de serviços, incidirá o Estatuto Protetivo Consumerista, principalmente por intermédio dos artigos 51 e seguintes.

4.3. Serviço público

A questão do serviço público no Código de Defesa do Consumidor está regulada nos artigos 3º, *caput*, 4º, inciso VII, 6º, inciso X, e 22.

Em nível constitucional, existe o artigo 175, o qual é a norma-base do assunto.

A primeira abordagem que deve ser feita, relaciona-se com a identificação de quais os serviços públicos que são abrangidos pela disciplina da Lei Protetiva.

Com efeito, o Estado moderno assumiu múltiplas e variadas funções, não somente na área social, como também na esfera econômica, realizando, até mesmo, atuação em nível de concorrência com empresas privadas.

Isto fez com que as normas consumeristas também fossem direcionadas aos entes estatais, pois, no afã de terem de obter resultados empresariais positivos, surgiram ocasiões em que, também eles, passaram a atuar, eventualmente, em oposição aos interesses dos consumidores.

Hely Lopes Meirelles[79] apresenta uma boa conceituação de serviço público, sendo:

"(...) todo aquele prestado pela Administração ou por seus delegados, sob normas e controles estatais, para sa-

---

[79] *Direito Administrativo Brasileiro.* 14ª ed. São Paulo: RT, p. 289.

tisfazer necessidades essenciais ou secundárias da coletividade, ou simples conveniências do Estado".

Partindo deste parâmetro doutrinário, já é possível afirmar que o serviço público pode ser realizado diretamente pelo organismo estatal, assim como por delegação a outros entes públicos ou privados.

Outro elemento de grande relevância diz respeito ao fato de que o serviço, sob o ponto de vista administrativo, é regido por normas e controles de direito público, mas naqueles pontos em que for reconhecida a existência de relação jurídica de consumo, evidentemente será aplicada a Norma Protetiva, eis que específica, além de todos aqueles argumentos já declinados anteriormente.

Neste particular, não pode ser olvidado que as normas do CDC são, igualmente, de ordem pública e de interesse social, mais ainda a fortalecer o argumento.

Necessidades essenciais são as relacionadas à própria sobrevivência digna do grupo social e do Estado, não sendo, todavia, um indicador da existência de relação de consumo, posto que muitas necessidades satisfeitas pelo Estado caracterizam-se como atribuições do Poder Público, como agente político, não sendo, portanto, serviços remunerados especificamente.

Deste último comentário surge, então, a distinção básica que deve nortear a discussão do tema, qual seja, a verificação de que existem serviços públicos próprios e impróprios.

Os serviços públicos próprios, também denominados serviços *uti universi*, são prestados pelo poder público sem que exista a possibilidade prévia de serem identificados individualmente os destinatários. Exatamente por isso, são executados diretamente pela Administração, tendo em vista que, muitas vezes, são exigidos atos de império e medidas compulsórias em relação aos administrados. Desta forma, não podem ser delegados.

Podemos citar como exemplos o serviço de segurança pública, o de saúde pública e outros, os quais são mantidos por tributos, sendo indivisíveis e não-mensuráveis na sua utilização.

Serviços públicos impróprios são aqueles que não têm a mesma essencialidade que os próprios. São serviços que atendem à conveniência dos cidadãos e podem ser prestados pelo Estado e, alguns deles, por delegação a terceiros. O pagamento destes serviços é efetivado através de tarifa (preço público) ou taxa. São também conhecidos como serviços *uti singuli*.

Nossa posição sobre o tema é a de que os serviços *uti universi* não sofrem a incidência do CDC.

Os serviços *uti singuli*, por sua vez, podem ou não sofrer a incidência do CDC.

Para melhor explicar o posicionamento, necessário que discorramos sobre os conceitos de tributo, taxa, tarifa, contribuinte e consumidor.

Tributo está definido no artigo 3º do Código Tributário Nacional, como sendo "toda prestação pecuniária compulsória, em moeda ou cujo valor nela se possa exprimir, que não constitua sanção de ato ilícito, instituída em lei e cobrada mediante atividade administrativa plenamente vinculada".

Conforme o artigo 145 da Constituição Federal, eles são: impostos, taxas e contribuição de melhoria.

Os serviços *uti universi* são mantidos por impostos, e não por taxas ou tarifas, conforme afirma Hely Lopes Meirelles,[80] e , neste particular, não existem problemas para afastá-los da incidência do CDC.

Dúvidas surgem quando abordamos serviços públicos remunerados por taxas ou por tarifas. Para tanto, devemos distinguir os conceitos, merecendo referência o que diz Celso Ribeiro Bastos:[81]

"No Brasil, a Constituição fixa-lhe os pressupostos: pode haver a cobrança de taxa toda vez que houver o exercício do poder de polícia ou a utilização efetiva ou potencial

---

[80] *Direito Administrativo Brasileiro*, ob. cit., p. 291.

[81] *Curso de Direito Financeiro e de Direito Tributário*, ob. cit., p. 51.

de serviços públicos específicos e divisíveis prestados ao contribuinte ou postos a sua disposição (art. 145, II).

Os preços constituem a contraprestação contratualmente assumida de um serviço ou de uma coisa. Portanto, seus traços são nitidamente diferençados. Em primeiro lugar, o preço é voluntário. A sua fixação, em regra, depende da avença entre as partes e, em última análise, encontra seus parâmetros nas próprias leis de mercado. Quando se trata de vender coisas, o Estado não encontra dificuldade em determinar o instituto adequado: é o preço, sem qualquer qualificativo, o que permite concluir tratar-se do mesmo preço de direito privado e submetido às regras deste. Quando, no entretanto, de prestação de serviços se cuida, surge, de fato, uma área nebulosa, onde a doutrina hesita entre a taxa e um sucedâneo do preço privado, que seria o chamado preço público ou tarifa (...)".

"O certo é que o instituto da taxa, como instrumento de arrecadação compulsória de recursos, era absolutamente inadequado para contraprestação de um serviço que, em si mesmo, nada tinha de público, a não ser o fato de estar sendo prestado pelo Estado, quer pela sua administração centralizada, quer por empresas públicas ou sociedades de economia mista. Tornou-se necessário, na verdade, para remunerar o serviço, aproveitar-se de um instituto de direito privado, o preço – agora tornado público, somente para revelar que a sua formação não se dava necessariamente por leis de mercado, mas encontrava a sua determinação em critérios de suposta conveniência pública ou de interesse coletivo. Mas os traços marcantes da voluntariedade e da dispensa à lei assim como do não-atendimento ao princípio da anterioridade são marcas inequivocamente distintivas do preço público".

Assim, a taxa é uma imposição do poder público, eis que não contém o caráter de voluntariedade encontrado no ato de pagar o preço, seja privado ou público.

Identifica-se, também, porque pode ser cobrada sem que haja a fruição efetiva do serviço.

Todavia, o que mais releva é exatamente este caráter impositivo, o qual afasta completamente qualquer tipo de reconhecimento da existência da figura do consumidor.

De fato, o próprio artigo 145, inciso II, da Constituição Federal fala que as taxas são instituídas para contraprestar serviços públicos oferecidos ao *contribuinte*, e não a consumidores.

Identicamente, o art. 77 do Código Tributário Nacional é expresso no sentido de que "As taxas cobradas pela União, pelos Estados, pelo Distrito Federal ou pelos Municípios, no âmbito de suas respectivas atribuições, têm como fato gerador o exercício regular do poder de polícia, ou a utilização efetiva ou potencial, de serviço público específico e divisível, prestado ao *contribuinte* (grifo nosso) ou posto à sua disposição".

No mesmo sentido, o direito sumulado do Pretório Excelso, através do verbete n° 545, *verbis*:

"Preços de serviços públicos e taxas não se confundem, porque estas, diferentemente daqueles, são compulsórias e têm sua cobrança condicionada à prévia autorização orçamentária, em relação à lei que as instituiu".

A posição do Mestre Bilac Pinto[82] é de que:

"O preço público é receita do Estado, de natureza contratual, correspondente à remuneração de serviço prestado pela entidade de direito público, oferecendo esta, equivalência de prestações".

Assim, podemos afirmar que o preço público ou tarifa envolve relação com contornos de direito privado, ao passo que a taxa, como qualquer outro tributo, por ser compulsória, envolve relação típica de direito público.

---

[82] *Estudos de Direito Público*, 1953, p. 167.

Cláudia Lima Marques[83] comenta que interessa ao estudo do Código de Defesa do Consumidor

"(...) somente aqueles serviços prestados em virtude de um vínculo contratual, e não meramente cívico, entre o consumidor e o órgão público ou seu concessionário".

A distinção supra é importante, pois definirá qual o regime jurídico que deve ser seguido, devendo, entretanto, ser feita uma ressalva no tocante ao comentado relacionamento entre consumidor e concessionário de serviço público, haja vista que, em tais circunstâncias, nunca haverá vínculo meramente cívico, pois a remuneração dos concessionários é feita por intermédio de preços públicos ou tarifas.

Dessarte, não se pode confundir o conceito de cidadão, que paga impostos, taxas e contribuições de melhoria, com o conceito de consumidor. Este possui seus direitos básicos consubstanciados no artigo 6° do CDC, sendo um dos principais o direito de livre escolha relativamente àqueles bens-da-vida de que, efetivamente, necessita.

No caso da imposição de taxas, o *contribuinte* nada pode opor. Estando o serviço público colocado à sua disposição, ele é obrigado a pagar.

A distinção é tão marcante, que existem normas próprias que regulam a responsabilidade do Estado em ambos os casos.

Relativamente à responsabilidade pela prestação dos serviços remunerados através de tributos, aplica-se a regra estatuída no artigo 37, § 6°, da Constituição Federal, que assim dispõe:

"As pessoas jurídicas de direito público e as de direito privado prestadoras de serviços públicos responderão pelos danos que seus agentes, nessa qualidade, causarem a terceiros, assegurado o direito de regresso contra o responsável, nos casos de dolo ou culpa".

---

[83] *Contratos no CDC*, ob. cit., p. 151.

Ou seja, a responsabilidade é objetiva, o que demonstra que o contribuinte não estaria desamparado, a partir do entendimento ora esposado.

O que não concordamos é que seja considerado consumidor de um serviço público remunerado por taxa, uma pessoa que sequer pode escolher este mesmo serviço ou sequer necessita dele, pois isto atenta contra a teleologia e a própria sistemática do Código de Defesa do Consumidor.

Outras implicações existem. Veja-se que se o contribuinte deixar de pagar os tributos, nem por isso o Estado deverá suspender o serviço, o mesmo não acontecendo com os serviços remunerados através de preço público ou tarifa.

Neste sentido, Hely Lopes Meirelles[84] menciona que:

> "(...) se o serviço é obrigatório sua remuneração é por taxa (tributo) e não por tarifa (preço), e a falta de pagamento de tributo não autoriza outras sanções além de sua cobrança executiva com os gravames legais (correção monetária, multa, juros, despesas judiciais)".

Em assim sendo, o fornecedor tem suas obrigações, assim como o consumidor também, pelo que este não poderá deixar de pagar o preço público e exigir a permanência do fornecimento do serviço por ele remunerado.

A doutrina do Mestre Adalberto Pasqualotto[85] diverge deste entendimento, já que entende que:

> "(...) os serviços públicos impróprios, prestados direta ou indiretamente pelo Estado ou, ainda, por meio de concessão, autorização ou permissão, estão sob a tutela do CDC, porque remunerados pelo pagamento específico de taxas ou tarifas".

Também deve ser ressaltado que, eventualmente, na aferição da existência da figura do consumidor, deverá estar

---

[84] *Direito Administrativo Brasileiro*, ob. cit., p. 292.

[85] Os Serviços Públicos no Código de Defesa do Consumidor. *Revista Direito do Consumidor*, volume 1, São Paulo: RT, p. 145.

presente a *consensualidade*, a qual não se apresenta na situação de pagamento impositivo de tributos.

Esta colocação doutrinária não afasta a possibilidade de que as regras do CDC possam ser aplicadas de maneira analógica, da mesma forma que acontece no caso das pessoas jurídicas, de um modo geral. Entretanto, não é possível reconhecer a condição de consumidor, ou seja, aquele que paga, usa, se utiliza de um produto ou serviço para a satisfação de uma necessidade sua, quando sequer é outorgado a ele o direito de manifestar concordância no sentido de que, de fato, possui aquela necessidade específica. Assim, caso não deseje mais receber o serviço de telefonia, o consumidor simplesmente deixa de pagar, pois é um preço público, e o serviço será sustado. O mesmo não ocorre com um serviço público remunerado por taxa. Caso deixe de pagar, a prestação da atividade continuará, e o contribuinte será acionado para saldar o seu débito, situação esta que feriria frontalmente os ditames do artigo 6º do CDC.

Esta última referência, de que o contribuinte é obrigado a pagar a taxa, decorre de um dos princípios da relação de tributação, que é o princípio da igualdade, que, nas palavras de Hugo de Brito Machado,[86] "(...) é a projeção, na área tributária, do princípio geral de isonomia jurídica, ou princípio pelo qual todos são iguais perante a lei". Continuando a sua lição, informa que o princípio "Apresenta-se aqui como garantia de tratamento uniforme, pela entidade tributante, de quantos se encontrem em condições iguais".

Ocorre que não podem ser colocadas em situação de aparente igualdade pessoas que, faticamente, não podem assim ser consideradas. Veja-se que não é possível dizer que é igual um contribuinte que está sendo satisfeito por um serviço remunerado por taxa e outro que entende ser dispensável tal serviço, mas que, mesmo assim, deve pagá-lo.

Resulta que é fundamental que ao consumidor seja reconhecido o seu direito supremo de livre escolha, pois, do contrário, de um modo geral, não será consumidor.

---

[86] *Curso de Direito Tributário*, ob. cit., p. 28.

Este certamente é o intuito de todo o sistema consumerista, já que existem várias regras impedindo condutas que ferem o espontâneo e livre exercício dos seus direitos.

No artigo 39, inciso I, por exemplo, temos a chamada "venda casada", quando é imposta a aquisição de um outro produto ou serviço desnecessários para a satisfação de necessidades. Ainda, o prevalecimento da fraqueza do consumidor, a fim de impingir-lhe um produto ou serviço (art. 39, inciso IV, do CDC), e muitas outras hipóteses legais, todas elas tendentes a impedir a imposição indevida ou a criação abusiva de necessidades que o consumidor não possui.

Sob ótica inversa, seria admissível que o consumidor de serviço público remunerado por taxa ingressasse em juízo alegando que o Estado estaria se prevalecendo da sua condição de ente público para impingir-lhe a utilização de um serviço. Como exemplo, moradores de um condomínio que possui esgoto privado, constituído por fossa e sumidouro, que tivessem o serviço de esgoto colocado à disposição e não desejassem pagar por ele, poderiam deixar de contribuir ou ingressar em juízo alegando a sua condição de consumidores e pedindo o reconhecimento judicial de que lhes fosse concedido o direito de escolha relativamente ao serviço? Obviamente que não, porque a imposição do tributo, da taxa, decorre de ordem constitucional, insuscetível de ser atacada com base em lei de hierarquia inferior, como também porque a tributação é ato de Estado, globalmente consagrado, como sendo um dos pilares da organização societária de massa.

Conforme ensina Hugo de Brito Machado:[87]

"Se o serviço não é de utilização compulsória, só a sua utilização efetiva enseja a cobrança de taxa. Se a utilização é compulsória, ainda que não ocorra efetivamente essa utilização a taxa poderá ser cobrada".

Todas estas considerações reforçam a idéia de que consumidor não é contribuinte. Neste está inserido um conteúdo de coletividade, de busca do bem comum, de integração a

---

[87] *Curso de Direito Tributário*, ob. cit., p. 325.

uma estrutura organizacional geral, ao passo que a noção de consumidor, como participante do ato de consumir produto ou serviço, emerge com prevalência a idéia de satisfação individualizada de uma necessidade objetiva ou subjetiva de pessoa, seja física ou jurídica.

Devemos ressaltar, também, que aceitamos a distinção comentada por Fernando Noronha,[88] quando é apontado que *liberdade de contratar* é "(...) faculdade de realizar ou não determinado contrato", enquanto *liberdade contratual* seria a "possibilidade de estabelecer o conteúdo do contrato".

Tentamos demonstrar, obviamente sob o enfoque geral e ordinário, que o consumidor é aquele que, ao menos na "etapa" da "liberdade de contratar", estaria livre para orientar seu comportamento físico no sentido de estabelecer determinado relacionamento consumerista com o fornecedor, ao passo que na condição de cidadão não teria tal possibilidade.

Esta idéia também não olvida a efetiva existência de situações em que o consumidor é seguramente compelido a concretizar específica relação de consumo, seja por causa de situações de monopólio, de imposição publicitária agressiva ou, até mesmo, em já possíveis de serem reconhecidas, situações de estado de necessidade social, quando o consumidor não possui outra alternativa para a manutenção da sua dignidade, diversa da concordância com determinada contratação.

A tese ora exposta, entretanto, não deseja acrescentar o requisito da consensualidade para que surja a pessoa do consumidor, apenas pretende ressaltar este aspecto que, na origem e de maneira generalizada, evidencia o "dever-ser" da relação de consumo, muitas vezes mascarado sob a maquiagem da igualdade e da liberdade meramente formais.

Para ficar mais transparente a idéia, desde que exista a escolha, ou seja, a "livre" manifestação do consumidor objetivando algum serviço, mesmo que esta *liberdade seja simplesmente formal*, incide a Lei Consumerista, a qual tenderá a

---

[88] *O Direito dos Contratos e Seus Princípios Fundamentais*. São Paulo: Saraiva, 1994, p. 42.

estabelecer uma igualdade substancial àqueles que são naturalmente desiguais.

Assim, deve ficar claro que, sob nossa ótica, todas as pessoas que se valham de serviços públicos remunerados por tarifa ou preço público sem dúvida alguma estão abrangidas pelas normas do CDC, seja quando esteja configurada uma hipótese de liberdade formal ou substancial.

Deve ser destacado, ainda, que os movimentos de privatização em nada afetam a proteção do consumidor pelo prisma ora abordado, haja vista que os serviços concedidos, permitidos ou licenciados não autorizam seus executores a cobrar *impostos* ou *taxas*, mas sim, *tarifas ou preços-públicos*, estando estes serviços sob o manto protetor do CDC.

Neste sentido é o que determina a Lei n° 8.987, de 13 de fevereiro de 1995 (Lei de Concessão e Permissão da Prestação de Serviços Públicos), nos seus artigos 7° e 9°, *verbis*:

"Art. 7°. Sem prejuízo do disposto na Lei 8.078, de 11 de setembro de 1990, são direitos e obrigações dos usuários:

(...)

III- obter e utilizar o serviço, *com liberdade de escolha*, observadas as normas do poder concedente;

Art. 9°. A *tarifa do serviço público concedido* será fixada pelo preço da proposta vencedora da licitação e preservada pelas regras de revisão previstas nesta Lei, no edital e no contrato".

Finalizando, quanto aos serviços denominados *uti singuli,* somente estarão diretamente abrangidos pelas regras do CDC, na medida em que esteja completa a relação jurídica de consumo, com a participação efetiva de um consumidor, pelo que, afastados desta condição estariam os serviços públicos remunerados por taxas, eis que nestes está presente a figura do contribuinte.

Nossa posição já está sendo acolhida no Superior Tribunal de Justiça, merecendo transcrição a ementa do acórdão a seguir:

"Recurso Especial nº 588.763/MG (2003/0162458-3)
Administrativo – Fornecimento de energia elétrica – Falta de pagamento – Corte – Município como consumidor.
1. A Primeira Seção já formulou entendimento uniforme, no sentido de que o não pagamento das contas de consumo de energia elétrica pode levar ao corte no fornecimento.
2. Quando o consumidor é pessoa jurídica de direito público, a mesma regra deve lhe ser estendida, com a preservação apenas das unidades públicas cuja paralisação é inadmissível.
3. Legalidade do corte para as praças, ruas, ginásios de esporte, repartições públicas, etc.
4. Recurso especial parcialmente conhecido e, nessa parte, provido parcialmente.
ACÓRDÃO
Além dos serviços públicos da competência exclusiva de cada ente estatal da Administração direta, União (art. 21, CF/88), Municípios (art. 39, inciso V, CF/88), Estados (art. 25, § 1º, CF/88), há uma competência comum para a titularidade de tais serviços, destacando-se aqueles próprios e gerais, prestados pelo Poder Público, sem possibilidade de identificação dos destinatários, chamados de serviços *uti universi*. Esses serviços são financiados pelos impostos, como são os serviços de segurança pública, os de saúde e outros.
Diferentemente, há os serviços públicos impróprios e individuais, cujos usuários são determinados ou determináveis, os quais permitem a aferição do *quantum* utilizado por cada consumidor, o que ocorre com os serviços de telefone, água e energia elétrica. Tais serviços, em contraposição aos *uti universi*, são chamados de *uti singuli*.
Para a consecução dos serviços públicos diretos ou indiretos, criaram-se os entes da chamada Administração indireta, cujo modelo veio com o DL 200/67, criando-se, ao lado da União, Estados, Municípios e Distrito Fede-

ral, as autarquias, empresas públicas, sociedades de economia mista e fundações públicas.

O esgotamento do modelo interventor do Estado ocorreu na década de 90, demonstrando o Poder Público sua incapacidade para financiar os serviços de utilidade pública, o que o levou a firmar parcerias com a iniciativa privada, por via de delegação de serviços públicos ao particular, como previsto no art. 175 da CF/88, não sendo demais transcrever o texto:

'Incumbe ao Poder Público, na forma da lei, diretamente ou sob o regime de concessão ou permissão, sempre através de licitação, a prestação de serviços públicos.'

O parágrafo único do artigo em destaque diz que a lei disporá sobre o regime jurídico da delegação, dos direitos dos usuários e da política tarifária.

Em obediência à norma constitucional, veio a Lei 8.987/95, prequestionada neste recurso, a regular a concessão e a permissão dos serviços públicos. Essa lei foi alterada posteriormente, em alguns artigos, pela Lei 9.074/95, que, por seu turno, regulou a concessão dos serviços de energia elétrica. Assim, os serviços *uti singuli* podem ser prestados pelo próprio Estado, ou por delegação, tendo-se como traço de identificação a remuneração.

Os serviços *uti universi*, também chamados de próprios, são remunerados por espécie tributária específica, a taxa, cujo pagamento é obrigatório, porque decorre da lei, independentemente da vontade do contribuinte. A espécie tem por escopo remunerar um serviço público específico e divisível, posto à disposição do contribuinte.

Esse serviço caracteriza-se pela obrigatoriedade, pois o contribuinte não tem opção, porque, mesmo que dele não se utilize, é obrigado a remunerá-lo, e pela continuidade, mesmo ocorrendo a inadimplência. Trava-se, então, entre o contribuinte e o Poder Público, uma relação administrativo-tributária, solucionada pelas regras do Direito Administrativo.

Com esses serviços não se confundem os *uti singuli* ou impróprios, prestados pelo Estado via delegação, por parceria com entes da Administração descentralizada ou da iniciativa privada.

Diferente daqueles, esses serviços são remunerados por tarifas ou preços públicos, e as relações entre o Poder Público e os usuários são de Direito Privado, aplicando-se o Código de Defesa do Consumidor, ao identificarem-se os usuários como consumidores, na dicção do art. 3º *(sic)* do CDC.

A tarifa é, portanto, remuneração facultativa, oriunda de relação contratual na qual impera a manifestação da vontade, podendo o particular interromper o contrato quando assim desejar.

Assim, não se há confundir taxa com tarifa ou preço público, como aliás advertido está na Súmula 545/STF. Se o serviço público é remunerado por taxa, não podem as partes cessar a prestação ou a contraprestação por conta própria, característica só pertinente às relações contratuais, na esfera do Direito Civil.

Verifica-se, portanto, que, a partir do sistema de remuneração, é que se define a natureza jurídica da relação do serviço público prestado.

Doutrinariamente, não há unidade. *Uma corrente defende a aplicação do CDC somente aos serviços remunerados por tarifa, estando dentre os adeptos dessa corrente, Cláudio Bonatto e Paulo Valério Dal Pai Moraes ('Questões Controvertidas no Código de Defesa do Consumidor', 4ª ed., Porto Alegre – Livraria do Advogado).*

Uma segunda corrente, menos ortodoxa, entende que o CDC é aplicável, indistintamente, a todos os serviços, remunerados por taxa ou tarifa. Dentre os adeptos estão Cláudia Lima Marques e Adalberto Pasqualotto.

Filio-me à primeira corrente, para a qual só os serviços remunerados por tarifa podem ser regidos pelo Código de Defesa do Consumidor, em razão do direito de escolha do usuário, um dos direitos básicos para o reconhecimento da condição de consumidor (art. 6º do Código).

Brasília-DF, 9 de agosto de 2005. (Data do Julgamento) Ministra Eliana Calmon, Relatora." (grifos nossos)

Ademais, o Estado, quando exerce o poder de tributar, não atua com a profissionalidade exigida para que seja considerado fornecedor. Ou seja, no caso de serviços públicos remunerados por taxa, seu objetivo é a busca do bem comum, e não a satisfação de necessidades de lucro, de vantagem econômica, de desenvolvimento empresarial. Tal atividade, portanto, corresponde à legítima conduta de Estado, aplicando o seu *jus imperii*, e não de fornecedor profissional.

Importantíssima, no enfrentamento científico dessa questão, a posição do insígne mestre gaúcho Fernando Costa de Azevedo,[89] o qual magistralmente afirma:

"Se os serviços públicos são espécies de *atividade econômica*, a recíproca nem sempre é verdadeira. Em outros termos, não se pode afirmar que *toda atividade econômica é serviço público*. De fato, existe uma clara distinção entre serviços públicos e *atividades econômicas em sentido estrito*, sustentada pacificamente na doutrina.

Quando a análise se debruça sobre o texto constitucional, torna-se mais fácil e preciso entender essa distinção. O art. 175 da Constituição Federal, como foi visto, regula a *titularidade* e a *execução* das atividades econômicas conhecidas como *serviços públicos*. Já o art. 173 do Texto Maior dispõe que 'Ressalvados os casos previstos nesta Constituição, a exploração direta de atividade econômica pelo Estado só será permitida quando necessária aos imperativos da segurança nacional ou a relevante interesse coletivo, conforme definidos em lei'.

Clara é a interpretação segundo a qual a *execução* de atividade econômica *própria da iniciativa privada* (submetida a um regime jurídico de *direito privado*), poderá, uma vez confirmadas as condições previstas no texto constitucional, ficar a cargo do Estado. Entretanto, a *titularidade* da atividade econômica jamais será do Estado, mas *sempre* da iniciativa privada (assim como a *titularidade*

---

[89] *Defesa do Consumidor e Regulação*. Porto Alegre: Livraria do Advogado, 2002, p. 42/44 e 49.

da prestação de serviços públicos jamais será da iniciativa privada, mas *sempre* do Estado).

Ao contrário da prestação de serviços públicos, o Estado não atuará sob um regime de privilégio (não terá a *titularidade* da prestação), mas estará submetido a um regime jurídico de *direito privado*, vinculado aos princípios constitucionais da *livre iniciativa* (art. 170, *caput*) e da *livre concorrência* (art. 170, IV). O *regime jurídico (constitucional)* é, aliás, o único critério para a distinção entre serviços públicos e atividades econômicas em sentido estrito" (...) (grifos no original).

"Em suma: segundo interpretação do atual ordenamento jurídico-constitucional brasileiro, os serviços públicos podem ser definidos como: '(...) atividades econômicas exercidas em regime de privilégio pelo Estado em função de reserva constitucional (...). No sentido aqui adotado, portanto, todo serviço público é suscetível de delegação a particulares, nos termos da Constituição e da lei'.

De todo o exposto, importa considerar que o *regime jurídico* é o fator preponderante para a definição do conceito de serviço público. E a Constituição é o lugar onde este regime deve ser buscado e interpretado". (grifo no original)

Dessa forma, partindo da análise sistemática, não podemos olvidar que a própria Constituição Federal, no artigo 175, parágrafo único, inciso III, estatui que a contraprestação de serviços públicos dar-se-á através de tarifa, como política remuneratória, o que, aliás, é reconhecido pelo Superior Tribunal de Justiça no acórdão retrocitado (REsp. nº 588.763 – MG).

5

Da responsabilidade civil no Código de Defesa do Consumidor

O tema da responsabilidade civil no Código de Defesa do Consumidor é tratado de maneira incomum, estando, portanto, bastante afastado do modelo do Código Civil brasileiro, que tem seu principal pilar no reconhecimento da culpa.

A responsabilidade civil possui basicamente dois objetivos primordiais, quais sejam o seu caráter pedagógico e preventivo e a sua condição de meio pelo qual é obtido o ressarcimento, a compensação decorrente de algum ato ou fato.

Comentando sobre o assunto, afirma José Reinaldo de Lima Lopes[90] que:

> "(...) a responsabilidade civil é instrumento de recomposição de um equilíbrio social ou um *status quo* determinado. Facilmente, conforme seja aplicada, pode favorecer não apenas o indivíduo (ou seja, ser elemento de retribuição), mas classes inteiras (ou seja, ser instrumento de distribuição)".

Continuando sua lição, na folha 11 do livro citado, ensina que:

> "(...) a responsabilidade civil liga-se diretamente a uma questão de poder: como a vítima indefesa pode reivindicar do autor da ofensa a recomposição de seus prejuízos? Ser responsabilizado, nestes termos significa

---

[90] *Responsabilidade Civil do Fabricante e a Defesa do Consumidor*. São Paulo: RT, 1992, p. 10.

submeter-se ao poder jurídico do outro, auxiliado pelo poder do Estado".

Sobre o segundo enfoque, esclarece José Reinaldo[91] que:

"(...) uma segunda função é, de conseqüência, o restabelecimento do *status quo*: o dever de reparação opõe um obstáculo a quem viola ou pretende violar o direito alheio: aqui o sistema de responsabilidade é um desestímulo a futuras violações".

Sempre com estas duas óticas, o Código de Defesa do Consumidor procurou abranger todas as possibilidades de evitar o prejuízo individual, seja na esfera contratual ou extracontratual.

Assim, criou o legislador consumerista duas órbitas bastante definidas. A primeira delas, a partir do artigo 12 do CDC, procurando abranger as situações onde houvesse danos à incolumidade psíquica ou física do consumidor, bem como quando ocorressem prejuízos externos ao produto ou serviço utilizados. A segunda corresponde aos prejuízos causados internamente, no próprio produto ou serviço viciado, indicando mais uma noção de prejuízo patrimonial, o que pode ser visto a partir do artigo 18 do CDC.

5.1. Da responsabilidade pelo fato do produto e do serviço

Começando pelo artigo 12, acima mencionado, é relevante constatar que estão nele discriminados os agentes econômicos que diretamente responderão pelos fatos ilícitos que vierem a ser causados em decorrência de determinado produto, ao contrário do artigo 18, já que neste aparece como responsável a figura do fornecedor, não havendo qualquer nominação específica.

---

[91] *Responsabilidade Civil do Fabricante*, ob. cit., p. 13 e 14.

O comerciante ou o distribuidor aparecem no artigo 13 como subsidiariamente responsáveis, desde que aconteça alguma das situações previstas nos três incisos deste artigo. Ressalte-se que a subsidiariedade na responsabilidade do comerciante ou distribuidor não afasta a solidariedade na eventual indenização.

Importa frisar, desde já, que não é fundamental para esta norma a existência de relacionamento contratual, já que o resultado final, ou seja, um dano em uma das três modalidades inicialmente declinadas (incolumidade física, psíquica ou dano externo ao produto ou serviço) é suficiente para o reconhecimento do dever de indenizar.

Ficou afastada, por intermédio do artigo 12, a possibilidade, então, de restar inviabilizada eventual indenização por situações insólitas como a representada pela infinita e longa cadeia de responsabilidade por culpa, a qual obrigava a perquirir individual e subjetivamente sobre a participação no evento danoso, impossibilitando, desta forma, o ressarcimento da vítima.

Todavia, a grande novidade positivada foi o estabelecimento da responsabilidade dos agentes econômicos baseada na ausência de culpa, inaugurando uma nova fase na ordem econômica do País, na medida em que os fornecedores de produtos ou serviços, necessariamente, terão de incluir nas suas previsões administrativas este novo elemento gerador de custos.

Deve ser salientado, entretanto, que a existência da responsabilidade objetiva não desonera o consumidor de realizar suas provas no processo. Neste sentido, Antônio Herman de Vasconcellos e Benjamin,[92] quando ensina que ao consumidor:

> "(...) cabe-lhe provar o dano e o nexo de causalidade entre este e o produto ou serviço. Lembre-se, contudo, que em relação a estes elementos o juiz pode inverter o ônus da prova quando 'for verossímil a alegação' ou quando

---

[92] *Comentários ao Código de Defesa do Consumidor*, ob. cit., p. 59.

o consumidor for 'hipossuficiente', sempre de acordo com 'as regras ordinárias de experiência' (art. 6°, VIII). Recorde-se, por último, que o consumidor não necessita provar o defeito (art. 12, § 3°, II)".

O estabelecimento da responsabilidade objetiva cumpre outras funções de âmbito global, que efetivam uma melhor distribuição dos prejuízos causados pela necessária atividade produtiva e de massa.

Viviane Coêlho de Séllos,[93] citando João Calvão da Silva, em interessante artigo, menciona o que segue:

"Esse mesmo Jurista português faz um enfoque analítico da responsabilidade objetiva e dos argumentos que lhe servem de suporte. Quais são:
1°) a disseminação do risco de dano pela sociedade (*risk of loss spreding*). Ou seja, acidentes inevitáveis surgem do uso de produtos complexos, podendo causar resultados desastrosos para as suas vítimas.
Assim, caberá aos fornecedores, interiorizar 'os danos acidentais causados por produtos defeituosos' aos preços das mercadorias que comercializarem, seja ou não através de seguros, para distribuir o risco de acidentes, que serão absorvidos como custo de produção, evitando que se exteriorizem nas vítimas.
2°) Dissuasão e controle do risco. O que vai compelir o fornecedor a não lançar no mercado produtos inseguros e sem testes ou controle. 'A responsabilidade objetiva induz o fabricante à máxima segurança dos produtos para assegurar a máxima tutela dos consumidores contra produtos defeituosos, é dizer, a proteção do interesse público na vida humana, na saúde e na integridade pessoal.'
3°) Proteção das expectativas do consumidor. Pois, a publicidade e o *marketing* são fatores que causam no consumidor expectativas de segurança e qualidade perante os produtos que adquire, com isso, deve ser (o consumi-

---

[93] Responsabilidade do Fornecedor Pelo Fato do Produto. *Revista Direito do Consumidor*, volume 11, São Paulo: RT, p.134.

dor) protegido de perigos desconhecidos sobre o uso de produtos que adquire.

4°) Redução de custos. Com o estímulo de solucionar os litígios extrajudicialmente, 'baixar-se-iam o tempo e os custos de funcionamento do sistema de reparação das vítimas'".

Seguindo a abordagem do tópico, deve ser comentado sobre as excludentes da responsabilidade objetiva, constantes no artigo 12, § 3°, do CDC, bem como sobre outros acontecimentos que podem levar ao reconhecimento de que o agente econômico não é responsável pelo dano.

Entendemos que os incisos integrantes do § 3° do artigo 12 não trazem maiores dificuldades, eis que são auto-explicativos.

Entretanto, alguns comentários devem ser feitos no tocante ao artigo 12, § 3°, inciso III, do CDC, especificamente quanto à culpa do consumidor, eis que ela deve ser "exclusiva" para que o agente econômico possa se beneficiar da excludente, não sendo suficiente a mera culpa concorrente, a qual apenas poderá atenuar a responsabilização, em termos de indenização, nos moldes do preceituado no artigo 945 do Código Civil.

Neste sentido, podemos citar a decisão no Recurso Especial n° 1010392, de 24.03.2008, Relator Ministro Humberto Gomes de Barros, *verbis*:

> "Civil. Consumidor. Reparação de danos. Responsabilidade. *Recall*. Não comparecimento do comprador. Responsabilidade do fabricante.
>
> A circunstância de o adquirente não levar o veículo para conserto, em atenção a *recall*, não isenta o fabricante da obrigação de indenizar".

Questão relevante surge no caso dos chamados "controles administrativos imperativos", os quais ocorrem quando determinado agente econômico tem imposta pela administração pública alguma atividade necessária para a produção ou para a realização de serviço.

São normas técnicas vinculativas que impõem condutas específicas e, portanto, devem ser obedecidas, sob pena de a infração a elas redundar em sanções de natureza administrativa.

Sílvio Luíz Ferreira da Rocha[94] afirma:

"(...) não ter dúvidas que se existir no ordenamento jurídico brasileiro uma norma emanada de autoridade competente que imponha um 'modo de produção', sem margem para qualquer alternativa do fornecedor, ocorrendo defeito no produto fabricado poderá o fornecedor alegar a seu favor, como causa de exclusão da responsabilidade, 'a conformidade do produto com normas imperativas estabelecidas pelas autoridades públicas'".

Discordamos desta posição, pois, mesmo nesta hipótese, utilizável seria o art. 12, § 3º, inciso III, do CDC.

De fato, desde que constatado um defeito, surge o direito do consumidor de ver seu ressarcimento implementado. Todavia, quando este mesmo defeito for o resultado de uma atividade de terceiros, não poderá o agente econômico ser penalizado por tal ocorrência.

Neste caso, seria excluída a responsabilidade com base no inciso acima citado, restando ao consumidor a possibilidade de utilizar-se da regra inclusa no artigo 37, § 6º, da Constituição Federal, a fim de acionar o ente estatal responsável pelo sinistro.

Outra discussão de relevância é feita em torno dos conceitos de caso fortuito e de força maior.

Parte da doutrina não realiza tal distinção, entendendo que não existe diferença entre as expressões. Neste sentido, James Marins,[95] quando se posiciona junto com:

"(...) parcela da doutrina que não distingue entre o caso fortuito e a força maior, geradores de idênticos efeitos jurídicos".

---

[94] *Responsabilidade Civil do Fornecedor pelo Fato do Produto*. São Paulo: RT, 1992, p. 111.

[95] *Responsabilidade da Empresa Pelo Fato do Produto*, ob. cit., p. 153, nota 414.

Assim, a proposta desta corrente é usar a expressão *força maior*, pois engloba ambos os conceitos.

Antônio Herman de Vasconcellos e Benjamin[96] entende que o caso fortuito e a força maior impedem o dever de indenizar.

Arystóbulo de Oliveira Freitas[97] posiciona-se da mesma maneira, dizendo que:

"O fato de não haver previsão legal para as eximentes do caso fortuito ou força maior não impede que sejam elas adotadas, pois a lei civil, que as inseriu em nosso ordenamento jurídico, sempre será utilizada, ainda que de forma subsidiária".

Em sentido contrário, Tupinambá Miguel Castro do Nascimento,[98] oportunidade em que afirma que:

"(...) nas relações de consumo, os arts. 12, § 3º, e 14, § 3º, do Código do Consumidor, indicam as causas exonerativas, quando há defeito no produto ou serviço. E entre elas não se encontra elencada a relativa ao caso fortuito, ou força maior. Sem validade o argumento que afirmasse a indicação dos artigos ser não-taxativa ou não-exaustiva, caso em que se poderia aplicar subsidiariamente o que dispõe o Código Civil".

Esta também é a conclusão de Viviane Coêlho de Séllos,[99] em passagem abordando a problemática sob análise, ocasião em que afirma que:

"Constituem excludentes da responsabilidade do fornecedor, apenas o fato de não ter colocado os seus serviços no mercado; a não existência de defeito no serviço; e a culpa exclusiva do consumidor ou de terceiro (...)".

---

[96] *Comentários ao CDC*, ob. cit., p. 67.

[97] Responsabilidade Civil Objetiva no Código de Defesa do Consumidor. *Revista Direito do Consumidor*, volume 11, São Paulo: RT, p. 108 e 109.

[98] *Responsabilidade Civil no Código de Defesa do Consumidor*. Rio de Janeiro: Aide, p. 53 e 54.

[99] *Revista Direito do Consumidor*, volume 10, ob. cit., p. 151.

Arruda Alvim, Thereza Alvim, Eduardo Arruda Alvim e James Marins[100] posicionam-se nestes termos:

"Há, em nosso entender, que se dividir o estudo do caso fortuito e da força maior, como possíveis causas excludentes da responsabilidade do fornecedor, em dois momentos distintos: 1) quando ocorrentes antes da inserção do produto causador do dano no mercado de consumo; e 2) quando ocorrentes depois da inserção do produto causador do dano no mercado de consumo.

Para a primeira hipótese, se a força maior ocorre ainda dentro do processo produtivo, até o momento em que, juridicamente, se tem o produto por colocado em circulação, não há que se falar em exclusão da responsabilidade do mesmo. Isto porque até o momento em que o produto ingressa formalmente no mercado de consumo tem o fornecedor o dever de diligência de garantir que não sofra qualquer tipo de alteração que possa torná-lo defeituoso, oferecendo riscos à saúde e segurança do consumidor, mesmo que o fato causador do defeito seja a força maior".

Este entendimento, aliás, está em coerência com a doutrina tradicional relativamente aos "riscos na compra e venda", tendo escrito Orlando Gomes[101] que:

"O *Direito brasileiro* acompanhou a orientação do Direito Romano, ao estatuir que até o momento da *tradição* os riscos da coisa correm por conta do *vendedor*. Desse modo, se perecer em conseqüência de *caso fortuito*, antes de realizada a tradição, o vendedor perde o direito de exigir o pagamento do preço. Se já o recebeu, terá de restituí-lo. Mas se perecer depois que houver sido posta à disposição do comprador, ou no caso de estar este em mora de a receber, os riscos devem ser por ele suportados".

---

[100] *Comentários ao CDC*, ob. cit., p. 127.

[101] *Contratos*. 12ª ed. Rio de Janeiro: Forense, p. 259.

Nelson Nery Junior,[102] por sua vez, esclarece o que segue:

"No que respeita à responsabilidade civil, a regra geral do CDC é a da responsabilidade objetiva, fundada na teoria do risco da atividade, que é absolutamente incompatível com o sistema da responsabilidade subjetiva, com culpa, regra geral do Código Civil (art. 186). Logo, é inaplicável às relações de consumo o sistema da responsabilidade com culpa do Código Civil. O regime da responsabilidade objetiva do CDC deve aplicar-se, de conseguinte, a todas as hipóteses de relação de consumo, quando surgir a questão do dever de indenizar o consumidor pelos danos por ele experimentados. Isto porque o fundamento da indenização integral do consumidor, constante do art. 6º, VI, do CDC, é o risco da atividade, que encerra em si o princípio da responsabilidade objetiva praticamente integral, já que insuscetível de excluir do fornecedor o dever de indenizar, mesmo quando ocorrer caso fortuito ou força maior".

Colocando nossa visão do problema, partimos dos elementos conceituais básicos do caso fortuito e da força maior, desde já esclarecendo que preferimos utilizar somente a expressão *força maior*.

Nesta linha de argumentação, citamos José de Aguiar Dias,[103] o qual, transcrevendo lição de Arnoldo Medeiros, afirma que:

"(...) a noção de caso fortuito ou de força maior decorre de dois elementos: um interno, de caráter objetivo, ou seja, a inevitabilidade do evento; outro externo, ou subjetivo, ausência de culpa. Adota, pois, um conceito misto e não há senão aceitar-lhe a lição, no sentido de que '(...) não há acontecimentos que possam, *a priori*, ser sempre considerados casos fortuitos; tudo depende das condições de fato em que se verifique o evento. O que é hoje caso

---

[102] *Revista Direito do Consumidor*, volume 3, ob. cit., p. 58.

[103] *Da Responsabilidade Civil*, volume 2. 6ª ed. Rio de Janeiro: Forense, p. 362.

fortuito, amanhã deixará de sê-lo, em virtude do progresso da ciência, ou da maior previdência humana'".

Resulta, pois, que, para a caracterização da força maior, é fundamental a existência dos requisitos da inevitabilidade e da imprevisibilidade.

Daí podermos afirmar que a força maior, *lato sensu*, pode ser causa de exclusão da responsabilidade civil, não maculando o princípio da responsabilidade objetiva contido nos artigos 12 e 14 do CDC.

Com efeito, a força maior pode estar contida nos próprios incisos do § 3º do artigo 12, pelo que não há como negar a existência de tal eximente.

Veja-se, por exemplo, a situação de um raio que atinja uma fábrica de refrigerantes e destrua uma das paredes, fazendo com que vasilhames, contendo o produto ainda em teste, sejam espalhados pelo entorno, ato contínuo sendo eles apanhados por moradores da vizinhança. O defeito existe, mas o produto não foi colocado no mercado pelo fabricante, pelo que ele estaria eximido de indenizar eventual prejuízo aos que ingeriram o refrigerante. Todavia, o produto chegou às mãos de consumidores por motivo de força maior, que é o acontecimento da natureza. Dessarte, provado está que a força maior pode estar inclusa no disposto no inciso I do citado § 3º do artigo 12.

Outro exemplo, aliás verídico: uma determinada empresa colocou no mercado leite em pó, sendo que um maníaco violava as embalagens para colocar um tipo de veneno, produzindo, assim, um defeito no produto. É típico caso de culpa de terceiro, mas também é típico acontecimento inevitável e imprevisível, ou seja, é caso de força maior. Mais uma vez provado fica que a excludente pode estar contida nos incisos do parágrafo comentado.

E qual é a razão básica para a configuração das três excludentes do § 3º do artigo 12? A inexistência de nexo de causalidade entre a atividade do agente econômico e o dano sofrido pelo consumidor ou equiparados.

Se é esta a razão fundamental para o dever de não indenizar, deve ser ressaltado que a mesma razão existe quando da ocorrência de qualquer evento caracterizador de força maior. De fato, na força maior existe uma quebra, uma ruptura do nexo de causalidade, pois o defeito não teria acontecido por causa de uma atividade do agente econômico.

Assim sendo, outras possibilidades fáticas poderão excluir o dever de indenizar, desde que não sejam elas ocorrências internas ao processo produtivo, o qual termina exatamente no momento em que inicia o processo de comercialização.

Saliente-se que os aspectos supra-abordados somente podem acontecer nas hipóteses dos incisos I e III do § 3º do artigo 12, haja vista que estas normas prevêem situações positivas, ao contrário do inciso II do mesmo parágrafo, o qual prevê uma situação negativa, ou seja, um não-ato.

É importante esta abordagem, porque a idéia matriz de socializar os prejuízos por intermédio do preço final dos produtos ou serviços não pode ser levada a extremos. Veja-se, na visão de Nelson Nery Junior, que, se for levado o princípio da responsabilidade objetiva ao exagero, até mesmo nas circunstâncias do inciso III do § 3º do artigo 12, não haveria possibilidade de ser argüida a eximente, pois o fato de terceiros também evidencia situação na qual inexiste culpa, pelo que, por um critério de coerência, igualmente nesta hipótese deveria o agente econômico indenizar.

Insistindo na idéia, a existência do inciso III, visa, justamente, a prever ocorrência na qual o agente econômico não possui qualquer culpa pelo evento, ou seja, fora rompido o nexo causal.

Voltando às lições de Arystóbulo de Oliveira Freitas,[104] quando comenta sobre a força maior: "Mesmo que não se admitisse as eximentes em análise, no caso em que a lei não as contempla (hipótese ocorrida no Código de Defesa do Consumidor), ainda assim poder-se-ia equiparar, como já defen-

---

[104] Responsabilidade Civil Objetiva no Código de Defesa do Consumidor. *Revista Direito do Consumidor*, volume 11, São Paulo: RT, p. 108 e 109.

dido por nossa doutrina, o fato de terceiro (esse sim previsto como eximente no CDC) à força maior, mantendo uma das eximentes ao menos".

Paulo de Tarso Vieira Sanseverino,[105] em excelente trabalho sobre a responsabilidade civil no CDC, comunga do mesmo entendimento:

> "O caso fortuito e a força maior são causas de rompimento do nexo de causalidade, excluindo, conseqüentemente, a responsabilidade civil do agente.
>
> Geneviève Viney apresenta um conceito amplo de força maior: 'acontecimento que exerce uma influência de tal forma determinante sobre a ocorrência do dano, que torna praticamente insignificante o papel das demais condições e, particularmente, a intervenção do demandado.
>
> O caso fortuito e a força maior apresentam-se como acontecimentos inevitáveis e independentes de qualquer atividade do agente, de cuja possível responsabilidade civil se cogita, atuando, isoladamente e com exclusividade, como causas adequadas do dano produzido. Esses dois institutos jurídicos são, normalmente, referidos em conjunto, como se constituíssem expressões sinônimas. Na realidade, o caso fortuito e a força maior são institutos jurídicos autônomos, que foram aproximados pela dificuldade prática de distinção e por produzirem, via de regra, efeitos jurídicos similares.
>
> O legislador brasileiro, ao regular a responsabilidade negocial ou contratual, optou expressamente pela equiparação dos dois institutos no art. 1.058, e seu parágrafo único, do Código Civil (art. 393 do CC/2002), estabelecendo a seguinte definição: 'O caso fortuito, ou de força maior, verifica-se no fato necessário, cujos efeitos não era possível evitar, ou impedir'".

A jurisprudência do Superior Tribunal de Justiça acolhe o caso fortuito e a força maior, desde que imprevisíveis, como

---

[105] *Responsabilidade Civil no Código do Consumidor e a Defesa do Fornecedor*. São Paulo: Saraiva, 2002, p. 291.

excludentes da responsabilidade civil, conforme se pode verificar nos seguintes acórdãos:

"Recurso Especial n° 435.865/RJ (2002/0065348-7)
Responsabilidade civil. Transporte coletivo. Assalto à mão armada. Força maior.
Constitui causa excludente da responsabilidade da empresa transportadora o fato inteiramente estranho ao transporte em si, como é o assalto ocorrido no interior do coletivo. Precedentes.
Recurso especial conhecido e provido.
Brasília, 9 de outubro de 2002 (data do julgamento). Ministro Barros Monteiro, Relator".

"Recurso Especial n° 232.649/SP (1999/0087572-9)
Responsabilidade civil do transportador. Assalto no interior de ônibus. Lesão irreversível em passageiro.
Recurso especial conhecido pela divergência, mas desprovido pelas peculiaridades da espécie.
Tendo se tornado fato comum e corriqueiro, sobretudo em determinadas cidades e zonas tidas como perigosas, o assalto no interior do ônibus já não pode mais ser genericamente qualificado como fato extraordinário e imprevisível na execução do contrato de transporte, ensejando maior precaução por parte das empresas responsáveis por esse tipo de serviço, a fim de dar maior garantia e incolumidade aos passageiros.
Recurso especial conhecido pela divergência, mas desprovido.
Brasília, 15 de agosto de 2002 (data do julgamento).
Ministro Cesar Asfor Rocha, Presidente e Relator p/ Acórdão".

"Recurso Especial n° 116.372/MG (1996/0078499-0)
Responsabilidade civil. Indenização por danos sofridos em conseqüência de infecção hospitalar. Culpa contratual. Danos moral e estético. Cumulabilidade. Possibilidade. Precedente. Recurso desprovido.
I – Tratando-se da denominada infecção hospitalar, há responsabilidade contratual do hospital relativamente

à incolumidade do paciente, no que respeita aos meios para seu adequado tratamento e recuperação, não havendo lugar para alegação da ocorrência de 'caso fortuito', uma vez ser de curial conhecimento que tais moléstias se acham estreitamente ligadas à atividade da instituição, residindo somente no emprego de recursos ou rotinas próprias dessa atividade a possibilidade de prevenção.

II – Essa responsabilidade somente pode ser excluída quando a causa da moléstia possa ser atribuída a evento específico e determinado.

III – Nos termos em que veio a orientar-se a jurisprudência das Turmas que integram a Seção de Direito Privado deste Tribunal, as indenizações pelos danos moral e estético podem ser cumuladas, se inconfundíveis suas causas e passíveis de apuração em separado.

Brasília, 11 de novembro de 1997

Relator para o Acórdão Ministro Sálvio de Figueiredo Teixeira".

Sintetizando, concordamos com a posição de Arruda Alvim, Thereza Alvim, Eduardo Arruda Alvim e James Marins, quando reconhecem que a força maior "interna" não eximiria de indenizar, sendo que a força maior "externa" sim, posto que nesta última não mais existiria o dever de *diligência* atinente à atividade dos agentes econômicos nominados no artigo 12.

Desta forma, tendo ocorrido a força maior antes da colocação do produto ou serviço no mercado de consumo, não será ela causa excludente da responsabilidade. Ocorrida posteriormente, poderá eximir os agentes econômicos do *caput* do artigo 12.

Por último, deve ser comentado sobre o problema dos "riscos de desenvolvimento", que são os avanços tecnológicos que diariamente ocorrem, fazendo com que muitas concepções de produtos ou de serviços se tornem obsoletas e, até mesmo, evidenciando defeitos antes não constatados.

Sílvio Luiz Ferreira da Rocha[106] cita João Calvão da Silva, quando este afirma que "(...) a lei requer a impossibilidade absoluta e objetiva do fornecedor de descobrir a existência do defeito por falta ou insuficiência de meios técnicos e científicos idôneos, e não a impossibilidade subjetiva do fornecedor em causa. Assim, o fornecedor tem de estar sempre atualizado, a par de experiências científicas e técnicas mundiais, a ser conhecedor da literatura nacional e internacional da especialidade, pois o critério determinante é o mais avançado estado da ciência e da técnica mundial, entendido objetivamente como a 'essência do conhecimento'. Neste caso, estaria o fornecedor exonerado da responsabilidade".

Todavia, conforme esclarece o supramencionado autor, tal norma excludente não está inserida no § 3º do artigo 12, pelo que a questão, no direito brasileiro, deverá ser entendida no sentido de que as novas técnicas indicaram que:

"(...) o defeito existia no momento em que o produto foi colocado no mercado, apenas o conhecimento científico existente não o permitia detectar. Assim, o fornecedor deverá ser responsável".

Em realidade esta é uma técnica de socialização dos prejuízos, comentando Antônio Herman de Vasconcellos e Benjamin[107] que sobre todas estas razões que impedem o reconhecimento do avanço da tecnologia como causa excludente da responsabilidade está

"(...) uma razão de *justiça distributiva,* sistema baseado na necessidade de correção dos efeitos do processo de produção e consumo em massa, repartindo-se, de maneira mais eqüitativa, os riscos inerentes à sociedade de consumo através de sua canalização até o seu criador inicial e às seguradoras. O que não se admite é despejar esses enormes riscos – e conseqüentes sacrifícios – nos ombros do consumidor individual".

---

[106] *Responsabilidade Civil do Fornecedor pelo Fato do Produto,* ob. cit., p. 110 e 111.

[107] *Comentários ao CDC,* ob. cit., p. 69.

De fato, o consumidor já é naturalmente vulnerável na relação de consumo, motivo pelo qual deverá o fornecedor de produtos ou serviços assumir os riscos que decorrem da sua atividade, arcando com os ônus dela decorrentes. Veja-se que é a mesma base da responsabilidade sem culpa, ou seja, o fornecedor não tem culpa de que houve desenvolvimento tecnológico, mas é obrigado a indenizar, pois imensamente menores são as condições do consumidor de saber da existência do defeito.

5.2. Da responsabilidade dos profissionais liberais

A única exceção do Código de Defesa do Consumidor no tocante à responsabilidade civil baseada na culpa diz respeito aos profissionais liberais.

De fato, o artigo 14, § 4º, do CDC estabelece ser imprescindível a verificação da culpa para a responsabilização dessas categorias laborais que prestam serviços no mercado de consumo.

Profissão liberal, segundo Aurélio Buarque de Holanda Ferreira,[108] é a

"(...) profissão de nível superior caracterizada pela inexistência de qualquer vinculação hierárquica e pelo exercício predominantemente técnico e intelectual de conhecimentos".

Nesta qualificação, incluem-se, portanto, advogados,[109] médicos, dentistas, administradores de empresas e outras profissões de nível superior, desde que não exista vínculo hierárquico.

Compreende-se a maior dificuldade de responsabilizar estes agentes do mercado, posto que suas atividades se carac-

---

[108] *Novo Dicionário Aurélio da Língua Portuguesa*, ob. cit., p. 1398.

[109] Sobre a responsabilidade subjetiva e objetiva do advogado, ver: SOBRINO, Augusto Roberto. La Responsabilidad Profesional de los Abogados. *Revista de Direito do Consumidor*, volume 32, São Paulo: RT, Outubro/Dezembro – 1999, p. 155-173.

terizam, prevalentemente, por uma atuação personalizada, na qual a contratação *intuitu personae* predomina.

Além deste aspecto, a forma, diga-se de maneira caricata, "artesanal", deste tipo de serviço não pode ser entendida como integrante das grandes atividades prestadoras de serviços de massa, pelo que não seria justificável que fossem adotados os mesmos critérios de responsabilização, em alguns casos.

Saliente-se, ainda, que nas empresas que exercem a prestação de serviços em larga escala já existe todo um planejamento prevendo os custos das possíveis indenizações a serem pagas, custos estes que são automaticamente repassados para o preço final pago pelos consumidores. Esta estrutura organizacional, de um modo geral, não existe no campo das profissões liberais, pelo que não é praticada a socialização dos prejuízos antes comentada, ficando estes individualizados na pessoa do profissional liberal.

Feito este paralelo, fica fácil entender os motivos da diferenciação feita no CDC, o qual, antes de qualquer coisa, visa a harmonizar o mercado de consumo, e não a inviabilizá-lo.

Deve ser ressaltado, todavia, que a exigência de que seja verificada a culpa do fornecedor de serviço, neste caso, não possui o condão de alterar o entendimento óbvio no sentido de que o consumidor continua a ser beneficiário de todas as demais normas protetivas.

Com efeito, na medida em que existam os pressupostos constantes no artigo 6º, inciso VIII, do CDC, o ônus da prova poderá e deverá ser invertido, até porque a própria natureza da atividade do profissional liberal, demonstrada até mesmo no próprio significado vocabular, já lhe atribui uma superioridade técnica evidente em relação ao consumidor, por presunção legal vulnerável.

Principalmente na área médica, onde, de regra, as perícias e trabalhos técnicos de prova devem ser realizados por médicos, a questão da vulnerabilidade e da hipossuficiência mostra-se bastante palpável, pois a avaliação sobre a configuração de imprudência, imperícia ou negligência conduz o julgador, inevitavelmente, ao campo das estatísticas, única maneira segura de definir sobre a previsibilidade e normalidade de eventual conduta danosa adotada pelo profissional liberal.

Tivemos a oportunidade de atuar em inquérito policial em que era indiciado um dos principais médicos de uma cidade do interior do Estado, homem de experiência, o qual não havia percebido que, recém-nascido, portador de síndrome de Down, possuia má-formação anal, motivo pelo qual o menor, impossibilitado de expelir as fezes, veio a falecer por septicemia (infecção generalizada). Neste caso, aparentemente singelo em termos de responsabilização, na época existiram opiniões técnicas de que, mesmo sendo portador de mongolismo, a detecção do defeito congênito somente seria possível através de um exame incomum, já que a má-formação comentada era relativamente interna. Além disso, fora informado no caso que o defeito ocorre uma vez em 5000 partos, número este significativo.

O exemplo dado demonstra as dificuldades de prova que o consumidor sofrerá, motivo pelo qual é necessária a aplicação das demais regras protetivas existentes no Código, relativas aos fornecedores de serviço em geral.

Deve ser destacado que pessoas jurídicas não podem ser qualificadas como profissionais liberais, tendo em vista o que acima foi dito. Desta forma, caso o profissional de determinada área integre uma pessoa jurídica, a regra aplicável será a da responsabilidade sem culpa, dirigida à empresa prestadora do serviço. Neste sentido é, também, o comentário de Antônio Herman Benjamin.[110]

Questão fundamental para a análise do problema em foco diz respeito à definição das obrigações de meio e de resultado.

Nas obrigações de meio, o profissional se obriga a empenhar todos os esforços possíveis para a prestação de determinados serviços, não existindo qualquer compromisso com

---

[110] *CDC Comentado*, ob. cit., p. 80.

Cláudio Bonatto
Paulo Valério Dal Pai Moraes

a obtenção de um resultado específico. Isto quer dizer que, caso seja identificada qualquer conduta culposa do profissional, durante o seu trabalho, será ele responsabilizado, nos termos do § 4º do artigo 14 do CDC. Do contrário, não poderá lhe ser impingido qualquer tipo de ressarcimento. O exemplo típico manifestado atualmente pela doutrina é o tratamento do HIV (AIDS).

Nas obrigações de resultado, o profissional vende o seu serviço, prometendo a consecução de um resultado final específico, motivo pelo qual o consumidor se sente estimulado a pagar o preço correspondente. Assim, na eventualidade de não ter sido obtido o que havia sido prometido, caberá ao profissional liberal ressarcir o consumidor, pois o eventual vício na realização do serviço decorreu de falha somente imputável ao fornecedor. A falha pode ser de ordem técnica, de avaliação sobre o futuro ou até mesmo decorrente de má-apreciação de fatores externos à específica realização do serviço. Não importam os motivos, pois, nesta espécie de obrigação, não se perquire de culpa, e a responsabilidade é objetiva.

Segundo comenta Viviane Coêlho de Séllos,[111] em magnífico artigo, "(...) Apesar de a doutrina dominante dizer pela responsabilidade objetiva para profissionais que se comprometerem a obrigações de resultado, há pensamento contrário registrado (...)", e cita, após, Tupinambá Miguel Castro do Nascimento e outros.

Nossa opinião é, entretanto, a de que, nas obrigações de resultado, a responsabilidade será objetiva, eis que baseada em contrato, expresso ou tácito, no qual o serviço deve ser prestado exatamente nos termos em que foi prometido.

Veja-se a situação em que o paciente de uma cirurgia plástica recebe a informação inicial de que obterá um resultado específico ou na hipótese de um advogado prometer que terá êxito pleno na ação judicial intentada em favor do seu cliente, tais elementos integram o próprio contrato, pelo que a não-consecução dos objetivos mencionados previamente se

---

[111] *Revista Direito do Consumidor*, volume 10, ob. cit., p. 155.

enquadraria na conceituação do artigo 20 do CDC, correspondendo exatamente à situação de existência de vícios na prestação dos serviços decorrentes da "(...) disparidade com as indicações constantes da oferta ou mensagem publicitária", ocorrência esta geradora de responsabilidade objetiva, já que o compartimento atinente aos incidentes de consumo (arts. 18 e segs. do CDC), gera este tipo de responsabilização.

Não poderia ser diverso o entendimento, haja vista que as regras insculpidas nos artigos 30 e 31 do CDC são suficientemente claras, pois esclarecem que a informação, a publicidade ou a oferta em geral integrarão o contrato em todos os seus termos, pelo que, se por hipótese, determinado cirurgião plástico prometeu a feitura de um novo formato de nariz ao consumidor ou o advogado a procedência da ação, inclusive valendo-se o primeiro da moderna técnica de demonstração gráfica computadorizada, deverão concluir os serviços exatamente nos moldes compromissados, sob pena de responsabilidade sem culpa.

Corroborando o entendimento esposado é o comentário de Sílvio de Sávio Venosa:[112]

> "Dizem a doutrina e a jurisprudência que a cirurgia plástica constitui obrigação de resultado. Deve o profissional garantir o resultado almejado. Não resta dúvida que a cirurgia estética ou meramente embelezadora trará em seu bojo uma relação contratual. Como nesse caso a atuação médica decorre na maioria das vezes de circunstâncias nas quais o paciente não sofre de moléstia alguma e a finalidade buscada é somente obter um resultado favorável do ponto de vista estético, a responsabilidade é tratada pela doutrina e pela jurisprudência de forma mais severa. Leva-se em conta que nessa premissa, se não fosse assegurado um resultado feliz pelo cirurgião, certamente não haveria consentimento do paciente no tratamento ou na operação: O profissional que se propõe a realizar cirurgia, visando a melhorar a

---

[112] *Documento Básico do Congresso Internacional de Responsabilidade Civil, Consumidor, Meio Ambiente e Danosidade Coletiva*, realizado em Blumenau, Volume 2, p. 214.

aparência física do paciente, assume o compromisso de que, no mínimo, não lhe resultarão danos estéticos, cabendo ao cirurgião a avaliação dos riscos. Responderá por tais danos, salvo culpa do paciente ou a intervenção de fator imprevisível, o que lhe cabe provar (STF – 3ª T. – Ag. Reg. no Agr. de Inst. nº 37.060-9-RS – Rel. Min. Eduardo Ribeiro). Contratada a realização de cirurgia estética embelezadora, o cirurgião assume a obrigação de resultado, sendo obrigado a indenizar pelo não cumprimento da mesma obrigação, tanto pelo dano material, quanto pelo dano moral, decorrente de deformidades, salvo prova de força maior ou caso fortuito (STJ – RE nº 10.536/RJ – rel. Min. Dias Trindade). Advirta-se porém, como examinamos, que sob o prisma do CDC o caso fortuito e a força maior não têm ampla dimensão".

Neste mesmo sentido é o acórdão infra-escrito:

"Paciente que, após o ato cirúrgico, apresenta deformidades estéticas, cicatriz suprapúbica, com prolongamentos laterais excessivos. Depressão na parte mediana da cicatriz, em relação à distância umbigo/púbis. Gorduras remanescentes. Resultado não satisfatório. Embora não evidenciada culpa extracontratual do cirurgião, é cabível o ressarcimento.

A obrigação, no caso, é de resultado, e não de meio. Conseqüentemente, àquele se vincula o cirurgião plástico. Procedência parcial do pedido, para condenar o réu ao pagamento das despesas necessárias aos procedimentos médicos reparatórios.Dano estético reduzido. Ressarcimento proporcional. Custas e honorários de 20% sobre o valor da condenação".[113] (ac. un. da 5ª CC do TJRJ registrado em 4.6.93, na AP. 338, Rel. Des. Marcus Faver, ADV n. 63.482).

Dessarte, temos a norma do artigo 14, § 4º, do CDC, como sendo regra geral, aplicável, então, à quase totalidade dos casos de serviços prestados por profissionais liberais, ex-

---

[113] *Revista dos Tribunais*, volume 707, São Paulo: RT, p. 12.

ceto aqueles excepcionais, que são os em que esteja caracterizada uma obrigação de resultado.

Nos casos ditos excepcionais, conseqüentemente, ao invés de ser aplicada a norma geral do artigo 14, § 4º, serão aplicadas as normas específicas que tratam da prestação de serviço com vício de informação, em combinação com as normas que dispõem diretamente sobre a oferta, tudo isto em obediência ao artigo 6º, incisos II, III e IV, do CDC.

Apenas refira-se para fins de reflexão que a norma atinente aos profissionais liberais está inserida na Seção II, que trata dos acidentes de consumo e, como norma excepcional que é, já que trata de responsabilidade subjetiva, merece ser interpretada de maneira restritiva. Na seção III do mesmo Capítulo IV, entretanto, compartimento normativo este que trata da responsabilidade pelos vícios do produto ou do serviço, não existe qualquer regra prevendo a responsabilidade subjetiva dos profissionais liberais, pelo que o artigo excepcional antes citado não poderia ser aplicado de modo tranqüilo, mas sim, as disposições cristalinas do artigo 20, que comentam sobre os vícios de informação.

A interpretação sistemática das normas, portanto, conduz a este entendimento, pois seria individualizar o prejuízo, de maneira indevida, na pessoa do consumidor, exigindo que ele suportasse os ônus decorrentes de um serviço do qual não obteve qualquer vantagem, enquanto o fornecedor auferiria benefícios econômicos e seria privilegiado pela falaciosa inclusão psicológica de expectativa na mente do consumidor, a qual foi a motivação original do negócio (a promessa de resultado).

Como conclusão, caso o profissional liberal prove que não agiu com culpa na execução dos seus serviços, mas tenha realizado promessa de obtenção de determinado resultado, ainda assim será responsabilizado, pois o ato de realizar o serviço somente foi efetivado por causa de um elemento fundamental, que foi a promessa previamente feita, não podendo o consumidor ser prejudicado por causa de tal deficiência de informação, enquanto o fornecedor aufere lucro, isto na responsabilidade pelo fato do serviço, pois na responsabilidade pelo vício do serviço a responsabilidade é objetiva sempre, estando vinculado o fornecedor à informação ofertada. Na responsabilização pelo vício, portanto, perde relevo a distinção entre obrigações de meio e de resultado, eis que o ponto fundamental é o tipo de oferta realizada. Assim, se em uma obrigação de um modo geral de meio, como a de prestação de serviços advocatícios, o profissional promete que ganhará a causa, transformar-se-ia, automaticamente, em obrigação de resultado, exatamente em razão da oferta, o que demonstra não ter sentido a distinção entre obrigações de meio e de resultado.

Ressalte-se, por fim, que a observância do critério relativo à oferta realizada pelo profissional é fundamental para eliminar qualquer concorrência desleal, protegendo o bom profissional, que não atrai consumidores com promessas enganosas e coibindo a conduta daquele que sinaliza com um resultado que, em realidade, não pode garantir. Mais uma vez diga-se, os desiguais não podem ser tratados igualmente. Além disso, a repressão eficiente aos abusos praticados no mercado de consumo é um dos princípios fundamentais do CDC, nos termos do que prevê o já comentado artigo 4º, VI, da Lei Protetiva, devendo ser concretizado.

5.3. Do artigo 17 do CDC
(as vítimas do fato do produto ou do serviço)

Do elenco das normas que prevêem a responsabilidade civil pelos acidentes de consumo se extrai uma das ampliações do conceito *standard* de consumidor, já analisadas, eis que, "equiparam-se aos consumidores todas as vítimas do evento", segundo dispõe o artigo 17 do CDC.

Protege-se, desse modo, segundo Gustavo Tepedino:[114]

---

[114] *Documento Básico do Congresso Internacional de Responsabilidade Civil, Consumidor, Meio Ambiente e Danosidade Coletiva*, realizado em Blumenau, Volume 1, p. 90.

"(...) qualquer pessoa atingida pelo fato do produto ou serviço, independentemente da posição jurídica que ocupa".

Assim, conforme posição de Antônio Hermann Benjamin:[115]

"(...) o dono de um supermercado que, ao inspecionar sua seção de enlatados, sofrer ferimentos provocados pela explosão de um recipiente defeituoso, pode perfeitamente utilizar o sistema do Código para pleitear sua reparação".

Verifica-se, claramente, a grande ampliação do conceito de consumidor para abarcar todas as vítimas de acidentes de consumo. Basta ser vítima de um produto ou serviço defeituoso colocado no mercado de consumo para socorrer-se das normas da lei protetiva.

Daí poder ser afirmado que o Código do Consumidor, quando pretendeu ampliar o conceito de consumidor, ampliou, não sendo correto ampliar o conceito restritivo do artigo 2º para não banalizar a real abrangência do estatuto consumerista, ou seja, a relação jurídica de consumo.

5.4. Responsabilidade pelos vícios do produto e do serviço

Nesta órbita de proteção ao consumidor, o que mais releva é a defesa do seu "bolso", ficando os aspectos da segurança, *lato sensu*, abarcados pelos artigos 12 até 17 do CDC.

Fala-se em segurança sob o enfoque amplo, posto que existem ampliações doutrinárias do conceito.

Arruda Alvim, Thereza Alvim, Eduardo Arruda Alvim e James Marins[116] informam que:

"(...) 'segurança contra os riscos provocados por práticas no fornecimento de produtos e serviços considerados

---

[115] *Comentários ao CDC*, ob. cit., p. 81.
[116] *CDC Comentado*, ob. cit., p. 61.

perigosos ou nocivos' (art. 6°, I) abrange não somente os riscos contra a vida, saúde e integridade física do consumidor, mas diz também respeito ao patrimônio dos consumidores, ensejando-se afirmar que o conceito de direito à segurança possui abrangência mais ampla do que os conceitos de direito à vida ou direito à incolumidade física ou mesmo psíquica, pois congloba além desses elementos pessoais conteúdo patrimonial".

Assim, estariam cobertos pelos artigos 12 ao 17 todos os danos decorrentes de acidentes de consumo, mesmo que não tenha sido atingida a incolumidade física ou psíquica do consumidor, exatamente porque o conceito de segurança é amplo, evidenciando-se, também, como objetivo, no sentido de que os prejuízos de qualquer natureza, externos ao produto ou serviço, devem ser indenizados, eis que atingidos pelos vícios de qualidade por insegurança daqueles.

Diverso é o entendimento de Antônio Herman de Vasconcellos e Benjamin,[117] o qual entende que: "em sede do sistema do Código para a responsabilidade civil pelo fato do produto e do serviço (arts. 12 a 17), danos materiais infligidos a bens outros que não a incolumidade físico-psíquica do consumidor só são reparáveis quando acoplados a um ataque a esta", doutrina esta que merece referência, tendo em vista a sua notória importância.

Ao contrário do compartimento relativo aos acidentes de consumo, nos artigos 18 e seguintes, que tratam dos vícios de qualidade por inadequação e dos vícios de quantidade, não existem nominados os agentes econômicos responsáveis, haja vista que são todos, estando incluídos na qualificação também os comerciantes.

Como decorrência disto e da própria solidariedade expressa no *caput* do artigo 18 do CDC, segundo Arruda Alvim, Thereza Alvim, Eduardo Arruda Alvim e James Marins:[118]

---

[117] *CDC Comentado*, ob. cit., p. 87.
[118] *CDC Comentado*, ob. cit., p. 145.

"(...) pode, o consumidor, acionar o comerciante e o fabricante do produto, simultaneamente, no mesmo processo, em litisconsórcio passivo dos dois, pela totalidade do pedido, por serem devedores solidários".

Outro aspecto de fundamental relevância é a definição dos princípios norteadores da responsabilidade civil prevista nos artigos 18 e seguintes.

Neste particular, entendemos que o CDC estabelece os mesmos critérios, tanto nos artigos 12 e 14 como nos artigos 18, 19 e 20, em que pese nestes não constar expressamente que os agentes econômicos serão responsabilizados independentemente de culpa.

Ocorre que o princípio é o mesmo e baseia-se no direito à proteção integral do consumidor, consubstanciada no artigo 6º, inciso VI, do CDC, nos termos já citados acima, quando da transcrição das lições de Nelson Nery Júnior, relativamente à força maior.

Tem suporte a responsabilização do fornecedor independentemente da existência de culpa, também na necessidade de socialização dos custos, internalizando estes na estrutura produtiva dos agentes econômicos, a fim de que sejam distribuídos.

Assim, presentes ambas as situações, nos artigos 18, 19 e 20, não há como fugir à regra, pelo que a responsabilidade sem culpa se aplica, igualmente, aos incidentes de consumo.

É importante, ao menos de maneira sucinta, estabelecer a diferença entre a responsabilidade objetiva e a responsabilidade pelo risco.

Arruda Alvim, Thereza Alvim, Eduardo Arruda Alvim e James Marins[119] posicionam-se da seguinte forma:

"Sustenta-se que a diferença entre a responsabilidade por risco da empresa e a responsabilidade objetiva residiria no fato de que esta última admite a existência de provas liberatórias, inadmissíveis na responsabilidade por risco que inadmite atenuações em sua extensão".

---

[119] *CDC Comentado*, ob. cit., p. 93, nota 23.

Seguindo este raciocínio, informam os autores acima citados que:

"(...) o sistema adequado para a esfera das relações de consumo é o da responsabilidade objetiva, não absoluta, ainda que adotado com mitigações, a exemplo deste Código do Consumidor, que prevê a existência de causas eximentes da responsabilidade do fornecedor como as do § 3º deste art. 12".

Comungamos da mesma opinião, pois a adoção da denominação supra-apontada é a única, *data venia*, que se compatibiliza com a letra expressa da lei e com o próprio sentido teleológico da Lei Protetiva.

De fato, alguns autores falam em culpa presumida. Todavia, esta noção de responsabilidade civil não se afeiçoa ao sistema em questão, pois está expresso que não se perquire de culpa.

Além disso, culpa presumida, segundo Oswaldo Aranha Bandeira de Mello, citado por Arruda Alvim e outros autores,[120] é uma evolução da teoria da responsabilidade civil aquiliana, baseada na culpa, na qual:

"(...) em caráter excepcional, para casos especiais, o legislador e a própria jurisprudência deslocaram, na aferição do culpado, os encargos da prova, para admitir a responsabilidade civil de certas pessoas, enquanto por elas não fosse demonstrado haverem se conduzido com conveniência, perícia e prudência. É a doutrina da culpa presumida".

Continuando, informa o mesmo autor:

"Já, nas hipóteses regidas pelo princípio da responsabilidade objetiva, do risco-proveito, tais provas são inadmissíveis. Só se livra o réu de compor os danos, se houver, realmente, ocorrido dolo, ou culpa lata, equivalente ao dolo, real e demonstrado, da vítima".

---

[120] *CDC comentado*, ob. cit., nota 2, p. 143 e 144.

Com isso, concluímos que não há como se falar na expressão "presunção absoluta de culpa", pois não se perquire desta na regra geral da responsabilidade civil do CDC, além do que presunção absoluta corresponde à idéia de que não é admitida prova em contrário, o que equivale dizer que se trata de responsabilidade objetiva, na qual somente precisa ser provado o dano e o nexo de causalidade entre ele e o produto ou serviço.

Em sentido inverso é a lição de Antônio Herman Benjamin,[121] o qual afirma que:

> "(...) a responsabilidade civil do fornecedor pelos vícios de quantidade e pelos de qualidade por inadequação não é objetiva, mas sim subjetiva. Só que subjetiva, sim, mas com presunção absoluta de culpa".

Partidário da mesma opinião por nós adotada é o membro do Ministério Público de São Paulo Roberto Senise Lisboa,[122] que afirma:

> "Diante da objetivação da responsabilidade trazida pelo Código do Consumidor, entre nós – que, no campo do vício do produto, se daria de forma objetiva mitigada ou, como querem alguns, de forma subjetiva com presunção *jure et de jure* de culpa – a concausalidade da culpa da vítima com a culpa presumida de modo absoluto – ou com a objetivação do dano, como preferimos – exime o fornecedor da responsabilização".

Como resultado, aplica-se também aos incidentes de consumo a teoria da responsabilidade objetiva mitigada, bem como tudo quanto antes foi dito no tocante às causas eximentes do dever de indenizar e ressarcir o consumidor.

Completando o raciocínio, não pode ser olvidada a regra constante no artigo 23 do CDC, a qual informa que "a ignorância do fornecedor sobre os vícios de qualidade por inadequação dos produtos e serviços não o exime de respon-

---

[121] *CDC Comentado*, ob. cit., p. 58.

[122] O Vício do Produto e a Exoneração da Responsabilidade. *Revista Direito do Consumidor*, volume 5, São Paulo: RT, p. 118.

sabilidade", exatamente porque inexiste, nesta esfera de apreciação, qualquer relevância de eventual aspecto subjetivo da questão, posto que a responsabilidade é objetiva.

Merece ser ressaltado, ainda, que no artigo 18 é tratado dos produtos com vícios de qualidade por inadequação, sendo que no artigo 20 estão previstos os serviços que contenham tais vícios e no artigo 19 constam os vícios de quantidade, a todos eles se aplicando o mesmo princípio de responsabilidade civil.

Em linhas gerais, estas são as normas que regram os incidentes de consumo, existindo outros detalhes sobre o tema, os quais não serão abordados neste trabalho, eis que suficientemente explicitados na letra da lei.

5.5. Da responsabilidade subsidiária do comerciante pelo fato do produto

Como se verifica da simples leitura do artigo 12, *caput*, do CDC, o fabricante, o produtor, o construtor e o importador são os sujeitos responsáveis pelo dever de indenizar, ante a ocorrência de um acidente de consumo.

O estatuto protetivo supera, como vimos, a relação contratual firmada entre o consumidor e o comerciante, visando a alcançar os agentes econômicos que são os verdadeiros introdutores do produto no mercado.

É plenamente justificável a diferenciação, tendo em vista que o comerciante, amiúde, desconhece o produto que recebe da indústria para pôr em circulação, podendo ele próprio, por conseqüência, ser vítima de um acidente de consumo.

Porém, a responsabilidade civil do comerciante, em princípio excluída, pode ocorrer caso se verifiquem as situações previstas nos incisos I, II e III do artigo 13 do CDC.

Esta responsabilidade é denominada, pela doutrina, de subsidiária.

Nesse sentido, a posição de Sílvio Luíz Ferreira da Rocha:[123]

"O comerciante é também responsável pelo dever de indenizar o consumidor pelos prejuízos causados por produtos defeituosos por ele comercializados. A responsabilidade do comerciante, entretanto, é subsidiária, porque ocorrerá apenas se estiverem presentes determinadas hipóteses fáticas previstas no art. 13 do Código de Defesa do Consumidor".

Também a posição de James Marins:[124]

"Cuida o art. 13 do Código de Proteção e Defesa do Consumidor, das hipóteses legais de exceção à regra geral de exclusão da responsabilidade do comerciante pelo fato do produto, estabelecendo-se a responsabilidade do mesmo, na qualidade de fornecedor presumido, responsabilidade esta que pode ser denominada de supletiva ou subsidiária da responsabilidade primitivamente imputada ao fabricante, construtor, produtor ou importador".

Desse modo, além dos agentes econômicos nominados no artigo 12 do CDC, pode o consumidor responsabilizar, também, o comerciante, na ocorrência das seguintes circunstâncias: a) existência de produto anônimo; b) existência de produto mal-identificado; c) existência de produtos perecíveis malconservados.

Importante ressaltar que a responsabilidade subsidiária do comerciante não afasta a regra da solidariedade, pois a norma estatuída no artigo 13 do CDC é expressa ao afirmar que "o comerciante é igualmente responsável", e não o único responsável, ante a verificação das situações previstas nos incisos do artigo citado.

Assim, o consumidor que sofra um grave acidente de consumo, provocado por um produto perecível, pode acio-

---

[123] *Responsabilidade Civil do Fornecedor*, ob. cit., p. 81.

[124] *Responsabilidade da Empresa Pelo Fato do Produto*, ob. cit., p. 103 e 104.

nar o fabricante do produto, o qual é solidariamente responsável pelo dever de indenizar.

Sobre o tema, a doutrina de Sílvio Luíz Ferreira da Rocha,[125] *verbis*:

"A terceira circunstância decorre de ato do próprio comerciante que, agindo com negligência, deixa de conservar adequadamente produtos perecíveis. Neste caso, o consumidor poderá acionar além do fabricante, produtor ou importador o comerciante responsável pela conservação do produto".

José Reinaldo de Lima Lopes,[126] ao analisar a ligação do vendedor-comerciante com o fabricante, causadora de verdadeira confusão perante o público-consumidor, afirma que:

"(...) em determinadas situações o revendedor é um agente do fabricante, que de outra forma não poderia chegar ao mercado. Se a isto somarmos o fato de haver a exclusividade da representação, é razoável que o consumidor veja no comerciante o agente/representante do fabricante".

Importante a presente abordagem, eis que a responsabilidade do comerciante pelo vício do produto é plena, e não meramente subsidiária.

---

[125] Ob. cit., p. 82.

[126] *Responsabilidade Civil do Fabricante*, ob. cit., p. 91.

6

Das práticas comerciais abusivas

Algumas das práticas comerciais abusivas estão elencadas no artigo 39 do CDC.

Esta norma visou a atender expressa determinação da norma-objetivo do artigo 4°, especificamente o inciso VI, bem como pretendeu confirmar um dos direitos básicos do consumidor, que é, exatamente, a proteção contra práticas abusivas no mercado de consumo, conforme dispõe o artigo 6°, inciso IV, do Estatuto Protetivo.

Mais uma vez percebe-se aquilo que fora salientado por Eros Roberto Grau,[127] quando explicava que todas as normas do CDC, sejam de conduta ou de organização, devem sempre ser interpretadas teleologicamente, finalística e sistematicamente, não por opção do intérprete, mas por ser uma imposição do próprio Código.

Práticas abusivas, para nós, são condutas, comissivas ou omissivas, praticadas por fornecedores, nas quais estes abusam de seu direito, violam os direitos dos consumidores ou infringem de alguma forma a lei.

Na trilha deste entendimento é o comentário de Ricardo Hasson Sayeg,[128] ao definir práticas comerciais abusivas como sendo:

> "(...) os atos de fornecimento ou aqueles ocorridos em razão deles realizados irregularmente por empresas com abuso de direito do fornecedor, violação ao direito

---

[127] *Revista Direito do Consumidor*, volume 5, ob. cit., p. 188.

[128] *Revista Direito do Consumidor*, volume 7, ob. cit., p. 46.

do consumidor ou infração à Lei, desde que dentro dos limites da relação de consumo".

Assim, as práticas comerciais abusivas podem surgir a partir do desrespeito de quaisquer dos dispositivos do Sistema Protetivo do Consumidor, dependendo, isto sim, da conduta do fornecedor e desde que ela ofenda a algum dos três aspectos supra-apontados.

6.1. Das práticas abusivas nos contratos

A massificação das relações de consumo obrigou o fornecedor a estabelecer padrões de conduta, produtiva e comercial, visando a atender de maneira pronta e ágil à demanda imposta pelos consumidores, na busca da satisfação de suas necessidades.

Tais padrões foram, então, constituídos, de um modo geral, por intermédio dos chamados contratos de adesão ou condições gerais de contratação.

O contrato de adesão está previsto e definido no artigo 54 do CDC, correspondendo àquele em que as cláusulas tenham sido aprovadas pela autoridade competente ou àquele cujas disposições tenham sido preestabelecidas unilateralmente pelo fornecedor, sem que seja dado ao consumidor possibilidade de discutir ou modificar o seu conteúdo.

Cláudia Lima Marques[129] esclarece que:

"(...) contratos submetidos a condições gerais são aqueles escritos ou não escritos, em que o comprador aceita, tácita ou expressamente, que cláusulas, pré-elaboradas pelo fornecedor, unilateralmente e uniformemente para um número indeterminado de relações contratuais, venham a disciplinar o seu contrato específico. Típico aqui seriam os contratos de transporte".

---

[129] Novas Regras Sobre a Proteção do Consumidor nas Relações Contratuais. *Revista Direito do Consumidor*, volume 1, São Paulo: RT, p. 30.

Continuando sua clara lição, informa a doutrinadora que:

"(...) nas condições gerais também há pré-elaboração do conteúdo do futuro contrato, mas a lista de cláusulas, que formam as condições gerais dos contratos daquele empresário pode não estar inserida no instrumento do contrato, ou porque constitui um anexo, ou porque está afixada no estabelecimento do empresário ou, simplesmente, porque o contrato foi oral".

As condições gerais, portanto, na medida em que estejam fora do documento contratual, muitas vezes até mesmo constando menção expressa no sentido de que estariam registradas em cartórios, constituem flagrante prática abusiva, pois não é oportunizado, de forma imediata, ágil e clara, o seu conhecimento por parte do consumidor, o que ofende os seus direitos básicos.

Por incrível que possa parecer, em que pese ser raríssimo, ainda hoje existem instituições bancárias que se valem de condições dessa espécie, práticas estas que já estão sendo impugnadas judicialmente, por intermédio de ações civis públicas.

Em interessantíssimo estudo sobre os contratos de adesão, o Magistrado Paulo Heerdt[130] apresenta como características básicas as seguintes:

"1°) Condições destinadas à celebração de contratos de massa, sendo indeterminados seus destinatários (generalidade).

2°) Condições preestabelecidas pelo fornecedor ou prestador de serviços, por livre critério seu ou resultante de regulamentação administrativa (princípio da superioridade).

3°) Ausência de negociação prévia (princípio da prepotência).

4°) Cláusulas padronizadas (princípio da unidade e invariabilidade).

---

[130] *Revista Direito do Consumidor*, volume 6, ob. cit., p. 79.

5º) Aceitação compulsória pelo destinatário, sob pena de não se realizar o negócio (estado de necessidade).
6º) Não descaracterização do contrato de adesão, mesmo que algumas condições sejam negociadas".

Muitos dos elementos acima apontados estão presentes em contratos bancários, sendo que nos referiremos a eles, pois envolvem, na atualidade, talvez a maior parcela dos conflitos judiciais ou extrajudiciais, em todo o País.

Aliás, neste particular, também comentou Paulo Heerdt, dizendo que no CDC:

"Manteve-se a conceituação do art. 3º do Código, pois que o art. 29 ampliou apenas o conceito de consumidor. Entretanto, alargando este último conceito, automaticamente ampliou os negócios jurídicos, sujeitos às regras dos caps. V e VI. Com isso, não mais serve o sentido limitado que se deva atribuir a produto ou serviço".

No mesmo sentido é o artigo de Françoise Domont Naert,[131] o qual se transcreve em parte:

"A maioria das regulamentações das cláusulas abusivas contêm uma disposição geral que proíbe, expressamente, o caráter abusivo de um contrato ou de uma cláusula que traduz um desequilíbrio inaceitável entre as partes. Um primeiro fundamento dessa disposição pode se encontrar na teoria da lesão qualificada. Com efeito, a lesão caracteriza-se por um desequilíbrio inicial e grave das prestações recíprocas das partes de um contrato, enquanto que a lesão qualificada acarreta uma desproporção resultante do abuso, por uma parte das necessidades, das fraquezas, das paixões ou da ignorância da outra.
A sanção da lesão qualificada está fundada, quer sobre o seu caráter contrário aos bons costumes – por tal razão o contrato fica eivado de vício insanável, acarretando a

---

[131] As Tendências Atuais do Direito Contratual no Domínio da Regulamentação das Cláusulas Abusivas. *Revista Direito do Consumidor*, volume 12, São Paulo: RT, p. 20 a 22.

nulidade absoluta; quer sobre a responsabilidade aquiliana – constitui *culpa in contrahendo* o fato de se comportar para com o contratante de uma maneira contrária à boa-fé; cabe ao juiz escolher o modo de reparação o mais adequado.

Um outro fundamento do controle das cláusulas abusivas pode se encontrar na nova noção de contrato de adesão. Trata-se de um contrato cujo o conteúdo foi total ou parcialmente estabelecido de modo arbitrário e geral anteriormente ao período contratual. Caracteriza-se pela ausência de negociação individual prévia em vista do acordo das vontades. Apresenta-se, na maioria das vezes, sob a forma das condições gerais ou individuais estabelecidas unilateralmente por uma das partes. Também pode consistir em contratos-padrão estabelecidos por grupos.

O contrato de adesão, como tal, não é considerado abusivo. Ele corresponde a uma estandartização necessária das relações comerciais na qual a negociação individualizada dos termos do contrato dificilmente encontra seu lugar. O abuso não resulta do fato que o consumidor é obrigado a aderir a este ou àquele texto pré-impresso, mas, efetivamente, do conteúdo eventual de uma convenção de cuja redação ele não participou, e que ele não poderá modificar visto a relação de forças existentes entre as partes confrontadas e que provavelmente ele encontrará uniformizada no setor respectivo.

Estes dois fundamentos da lesão qualificada e do contrato de adesão encontram-se reunidos em uma disposição adotada no nível comunitário; com efeito, a diretriz 93/13/CEE referente às cláusulas abusivas nos contratos concluídos com os consumidores define como abusiva a cláusula que 'não tendo constituído o objeto de uma negociação individual (...), apesar da exigência de boa-fé, cria, em detrimento do consumidor, um desequilíbrio significativo entre os direitos e obrigações das partes decorrentes do contrato (art. 3°)".

Evidencia-se, portanto, que o interesse maior é a configuração de equilíbrio contratual, no qual os consumidores em geral sofram menos prejuízos.

Ou seja, desde que exista lesão ou ameaça de lesão a estes direitos básicos do vulnerável, é autorizada a aplicação do CDC.

Procurando, então, aprofundar o tema relativo à atividade bancária, destinaremos um amplo item, no qual pretendemos relatar a doutrina e a jurisprudência utilizada em Ações Civis Públicas movidas pelo Ministério Público gaúcho, tendentes a aniquilar os abusos contratuais praticados.

6.2. Dos contratos bancários

6.2.1. Introdução

Neste tema relativo aos contratos bancários, as primeiras questões que vêm à tona dizem respeito a aspectos processuais, na medida em que a atuação do Ministério Público é contestada por doutrina minoritária, mas que merece destaque, tendo em vista o necessário estabelecimento de um contraponto sobre o assunto.

Argüi a doutrina supracomentada que as ações civis públicas intentadas com o objetivo de realizar o controle prévio e abstrato das cláusulas abusivas devem ser extintas, conforme dispõe o art. 267, VI, do CPC, tendo em vista que a matéria em discussão é de interesse meramente individual e, portanto, o *Parquet* não teria legitimidade ativa para ajuizá-las.

Indubitavelmente, a conceituação de direitos difusos foi confundida pelos autores que defendem aquela tese, posto que demonstram só admitir a existência de interesses difusos quando indeterminável a pessoa lesada, sem considerar os demais elementos que compõem a mencionada conceituação.

O artigo 81, parágrafo único, do CDC, em seu inciso I, dispõe que são interesses ou direitos difusos:

"(...) assim entendidos, para os efeitos deste Código, os transindividuais, de natureza indivisível, de que sejam titulares pessoas indeterminadas e ligadas por circunstâncias de fato".

Prima facie, devemos salientar que não se poderá confundir indeterminabilidade de consumidores com impossibilidade de identificação.

Rodolfo de Camargo Mancuso[132] define o que são "interesses difusos":

"São interesses metaindividuais que, não tendo atingido o grau de agregação e organização necessário à sua afetação institucional junto a certas entidades ou órgãos representativos dos interesses já socialmente definidos, restam em estado fluído, dispersos pela sociedade civil como um todo, podendo, por vezes, concernir a certas coletividades de conteúdo numérico indefinido (v.g. os consumidores).
Caracterizam-se pela indeterminação dos sujeitos, pela indivisibilidade do objeto, por sua intensa litigiosidade interna e por sua tendência à transição ou mutação no tempo e no espaço".

Assim, a indeterminabilidade de consumidores também está ligada à lesão que poderá ser causada a um consumidor e que, por via de conseqüência, atingirá os demais, mesmo havendo um que é identificado.

A possibilidade de identificação de alguns consumidores, mas não todos, não descaracteriza, sob qualquer hipótese, os direitos ou interesses difusos.

Não se exige que a lesão não tenha sido concretizada, pois, se assim fosse, a conceituação teria que sofrer um acréscimo, qual seja, o eventual e futuro dano.

---

[132] *Comentários ao CDC*. São Paulo: Saraiva, 1991, p. 275.

Sempre haverá uma pessoa identificada, que foi vítima de um ato em concreto.

Ademais, a definição de interesses difusos não se restringe à indeterminabilidade de pessoas. Há, ainda, a indivisibilidade e a ligação das pessoas por circunstâncias de fato.

A indivisibilidade é no sentido de que basta uma única ofensa para que todos os consumidores sejam atingidos e também no sentido de que a satisfação de um deles beneficia a todos.

As circunstâncias de fato que ligam os consumidores são aquelas caracterizadas pelos acontecimentos que atingiram ou atingirão os consumidores indeterminados. Diz respeito à situação ou condição da coisa, que acompanha o fato. Sendo os interesses difusos fundados em circunstâncias fáticas, é crucial que a pertinência subjetiva desses interesses seja indeterminada.

Os contratos bancários, por excelência, de adesão, atingem não somente os contratantes já identificados, mas também aqueles futuros consumidores que poderão vir a contratar.

A ofensa ou lesão a um consumidor identificado poderá atingir a todos os demais acima referidos.

A satisfação de um sujeito, ou a anulação das cláusulas contratuais abusivas, em abstrato e preventivamente, por sua vez, beneficiará a todos os consumidores, evitando inúmeras demandas individuais.

Aí está a verdadeira conceituação de interesses difusos, muito bem delineada, concedendo legitimidade ao Ministério Público.

Não se trata, pelo exposto, de direito individual disponível, como quer fazer crer a doutrina retrocitada.

Apenas para argumentar, caso o problema fosse a proteção de interesses individuais homogêneos, ainda assim o *Parquet* teria legitimidade para defendê-los, com base no artigo 81, parágrafo único, inciso III, do CDC.

Aliás, expressamente reconhecendo a legitimidade do Ministério Público para proteção de interesses individuais homogêneos são os termos do acórdão do Superior Tribunal de Justiça, exarado no Recurso Especial n° 49.272-6/RS:

"O artigo 21 da Lei n° 7.347, de 1985 (inserido pelo artigo 117 da Lei n° 8.078/90) estendeu, de forma expressa, o alcance da ação civil pública à defesa dos interesses e 'direitos individuais homogêneos', legitimando o Ministério Público, extraordinariamente e como substituto processual, para exercitá-la (artigo 81, parágrafo único, III, da Lei n° 8.078/90) (...)".

Ainda no mesmo tema, prova maior de que as ações judiciais que visam a atacar cláusulas abusivas nos contratos bancários, de maneira prévia e abstrata (contratos em tese), tratam de interesses difusos, é a evidência de que as pretensões deduzidas em juízo pedem a declaração de nulidade e a condenação à exclusão ou ajuste das disposições, jamais a condenação à indenização por danos causados a eventuais pessoas diretamente lesadas. Ou seja, não existe pedido em concreto, objetivando condenação com base nos artigos 91 e seguintes do CDC.

Ao contrário, as ações civis públicas visaram à anulação de cláusulas abusivas, com cominação de obrigação de fazer e não-fazer, quais sejam, a subtração e alteração das cláusulas contratuais e a impossibilidade de reinclusão em contrato futuro, sob pena de multa diária.

O artigo 1° do CDC dispõe que as normas de proteção e defesa do consumidor são de ordem pública e interesse social, nos termos dos artigos 5°, inciso XXXII, 170, inciso V, da CF e artigo 48 de suas Disposições Transitórias.

Pela simples leitura dos artigos supramencionados, conclui-se que as normas do CDC são inderrogáveis por vontade dos interessados em determinada relação de consumo.

Outro argumento utilizado por algumas instituições financeiras é o de que somente o Banco Central poderia fiscalizar contratos bancários, tese esta que é correta, mas inaplicável ao caso tratado, haja vista que o Poder Judiciário não fiscalizará contratos, apenas declarará abusividades, caso elas existam.

É importante frisar, nesse sentido, que o artigo 5°, inciso XXXV, da Constituição Federal, e os artigos 5°, 29 e 51 do CDC, outorgam o exercício da função de declarar nulas cláusulas abusivas exclusivamente ao Poder Judiciário, eis que se trata de atividade jurisdicional, que somente por ele pode ser realizada.

Aliás, é sabido que a atividade administrativa do Banco Central é exercida em nome próprio, ao passo que a atividade jurisdicional é exercida em substituição aos jurisdicionados, pelo que não é aceitável qualquer tipo de dúvida.

Neste sentido, é a lição do Mestre Ovídio Baptista da Silva:[133]

"O juiz, por conseguinte, é portador de um interesse público na observância da lei: (Micheli, *Curso de Derecho Procesal Civil*, I, 17), enquanto o administrador, quando cumpre e realiza o direito objetivo, tem posição similar à de qualquer particular".

Por certo o Banco Central não determina a inclusão de cláusulas abusivas nos contratos. Senão, todos e quaisquer contratos, de todas as instituições financeiras do País, seriam iguais.

Então, não está em discussão a não-aplicação das leis que regulam o Sistema Financeiro Nacional, até porque o objetivo são cláusulas contratuais dirigidas a consumidores (relação de consumo – CDC é lei especial sobre matéria) difusamente considerados, matéria da qual não trata a Lei n° 4.595/64 (lei que regula as instituições monetárias, bancárias e creditícias). Mesmo que tratasse, a especificidade da lei do consumidor, relativamente a cláusulas contratuais, prevaleceria.

A simples leitura do artigo 4° da Lei n° 4.595/64 já evidencia que não existe previsão legal para o exercício, por parte do Conselho Monetário Nacional e seus órgãos, de con-

---

[133] *Curso de Processo Civil*, volume I, Porto Alegre: Sergio Fabris, p. 29.

trole e fiscalização das cláusulas contratuais, sob o aspecto da nulidade e nem poderia haver.

A declaração de nulidade de cláusulas é atividade jurisdicional. O Estado, em substituição aos particulares, realiza a ação de direito material. Diversa e, obviamente, inconfundível, é a atividade administrativa, a qual é exercida em nome próprio, portanto, em defesa de seus próprios interesses e não daqueles dos jurisdicionados.

Deste modo, não concordamos com a alegação de que o Ministério Público não pode atuar neste tipo de questão, pois a autorização expressa para tanto está não só na Constituição Federal, como no artigo 5°, inciso II, do CDC.

6.2.2. Do interesse de agir

Questão importante a ser abordada é a que diz com o interesse de agir, que é uma das condições da ação de direito processual.

O interesse de agir, tratando-se de ações coletivas, está intimamente ligado à legitimação ativa do Ministério Público.

Apesar dos vetos presidenciais aos §§ 3° do artigo 51 e 5° do artigo 54 do CDC, que aparentemente retiraram o controle administrativo abstrato e preventivo das cláusulas contratuais gerais, do Ministério Público, ainda assim este órgão possui legitimidade e interesse para, através de inquérito civil, exercer o controle de cláusulas contratuais abusivas, consoante disposição constitucional, artigo 129, inciso III, e artigo 8°, § 1°, da Lei 7.347/85, este último aplicável ao CDC, pela expressa menção de seu artigo 90.

Nelson Nery Jr.[134] preleciona sobre o controle administrativo das cláusulas contratuais gerais pelo Ministério Público, dizendo que:

"(...) a despeito do veto presidencial, ao § 3° do artigo 51, o controle administrativo das cláusulas contratuais

---

[134] *CDC Comentado*. 3ª ed. Rio de Janeiro: Forense Universitária, p. 368 e 369.

gerais pelo Ministério Público não está inviabilizado. Pelo contrário, pode e deve ser feito por intermédio do *inquérito civil*, poderoso instrumento conferido ao Ministério Público como expediente preparatório da ação civil pública, ferramenta essa que se constitui em prerrogativa institucional do *parquet*, conforme expressamente determina o artigo 129, n° III, da Constituição Federal. O procedimento do inquérito civil vem regulado pelo artigo 8°, § 1°, da Lei da ação civil pública (Lei n° 7.347/85 – LACP) e é aplicável ao sistema do CDC por menção expressa do artigo 90 do Código".

Seguindo na análise do tema, afirma o Mestre que:

"(...) no inquérito civil o Ministério Público pode arregimentar documentos, informações, ouvir testemunhas e os interessados, realizar perícias e exames, tudo isso para formar sua opinião sobre a existência ou não de cláusula abusiva em determinado contrato de consumo ou nas cláusulas contratuais gerais. É nessa oportunidade que os interessados podem chegar à composição extrajudicial, sempre no interesse social de preservar-se a *ordem pública de proteção do consumidor*".

Do mesmo modo, analisa o compromisso de ajustamento de conduta, afirmando que:

"(...) chegando o inquérito civil a bom termo, com a composição dos interessados, o controle administrativo das cláusulas contratuais gerais chega ao fim cumprindo ao Ministério Público a homologação do acordo podendo, inclusive, estabelecer cominação para o caso de descumprimento, documento esse que valerá como título executivo extrajudicial (artigo 5°, § 6°, da LACP, aplicável às relações jurídicas de consumo por força do artigo 90 do CDC). Não havendo acordo o controle administrativo não terá sido efetivado com sucesso, restando ao Ministério Público o ajuizamento de ação civil pública para pleitear o controle judicial das cláusulas abusivas".

Fazendo análise específica sobre a grande alteração produzida pelo veto presidencial e, tendo em vista a magistral lição de Nelson Nery Junior sobre o assunto, imprescindível que, nesta parte do presente trabalho, seja feita a transcrição integral abaixo:

"O único ponto do veto presidencial que produziu algum efeito é o relativo ao caráter da decisão do Ministério Público no inquérito civil, quanto às cláusulas gerais objeto de controle. O dispositivo vetado previa que a decisão administrativa do Ministério Público sobre as cláusulas submetidas a exame tivesse caráter geral, atingindo o universo contratual do fornecedor em toda a sua extensão.

Dois foram os fundamentos do veto: a) somente poderiam ser atribuídas funções ao Ministério Público por lei orgânica federal (artigo 128, § 5°, CF), b) o controle dos atos jurídicos somente poderia ser feito pelo Poder Judiciário (artigo 5°, n° XXXV, CF).

As razões do veto são injurídicas duplamente. Primeiro porque qualquer lei ordinária pode atribuir funções ao Ministério Público (artigo 129, n° IX, CF), ficando à lei orgânica apenas os aspectos organizacionais administrativos da instituição. Do contrário, ter-se-ia de entender que os dispositivos legais do Código Penal, do Código de Processo Penal, do Código Civil, do Código de Processo Civil e de outras leis extravagantes, que conferem legitimidade processual e atribuições extrajudiciais ao Ministério Público, não teriam sido recepcionados pela nova ordem constitucional. Segundo, porque a decisão do Ministério Público seria administrativa, não ferindo os princípios constitucionais do direito de ação e da inderrogabilidade da jurisdição, pois o prejudicado poderia recorrer ao Judiciário para pleitear tutela sobre ameaça ou lesão de direito que afirma possuir. Além disso, o controle dos atos jurídicos pode ser feito administrativa ou judicialmente, podendo qualquer órgão exercê-lo, se assim dispuser a lei (artigo 5°, n° II, CF)".

Continuando, ao analisar o § 5º do artigo 54, afirma o Mestre paulista[135] que:

"(...) do ponto de vista de eficácia, o veto não influi no sistema de controle dos contratos de adesão, que continua permitido. Apenas ficou sem efeito a obrigatoriedade de os fornecedores estipulantes remeterem ao Ministério Público cópia do formulário-padrão utilizado por eles para os contratos de adesão".

No mesmo sentido, é a lição de Luiz Renato Topam,[136] ao analisar o controle prévio e abstrato dos contratos de adesão pelo Ministério Público.

A par destes ensinamentos, ficam esclarecidos os vetos presidenciais.

Releva, sobremaneira, a grande diferença existente entre estar o Ministério Público impedido de, por ato próprio, excluir cláusulas abusivas e a possibilidade, legalmente prevista, de o Ministério Público pedir ao Poder Judiciário que exclua estas cláusulas abusivas.

E não poderia a lei impedir tal pretensão, sob pena de infração ao artigo 5º, inciso XXXV, da CF, o qual é assim escrito:

"A lei não excluirá da apreciação do Poder Judiciário lesão ou ameaça a direito".

Confrontando-se com o artigo 29 do CDC:

"Para os fins deste capítulo e do seguinte, equiparam-se aos consumidores todas as pessoas determináveis ou não, expostas às práticas nele previstas".

Ora, estando consumidores, difusamente considerados, expostos a práticas abusivas (cláusulas contratuais de contratos de adesão), pode o Ministério Público pedir ao Poder Judiciário que aja, impedindo eventual lesão ou ameaça de lesão.

---

[135] *CDC Comentado*, ob. cit., p. 387.

[136] Do Controle Prévio e Abstrato dos Contratos de Adesão pelo Ministério Público. *Revista Direito do Consumidor*, volume 6, São Paulo: RT, p. 161 e 162.

Ainda no que tange ao interesse de agir, importante trazer à colação os ensinamentos de Hugo Nigro Mazzili:[137]

"Se o autor da ação for o Ministério Público parece-me que o interesse é presumido porque o Ministério Público é, diante do artigo 1° da Lei Complementar 40/81, encarregado de defender perante o Judiciário os interesses indisponíveis da sociedade. Ora, se a Lei o considera defensor de interesses transindividuais, assim porque a Lei lhe dá legitimação para defender os interesses difusos, deve-se-lhe presumir que tenha legítimo interesse para tal fim".

Nessa mesma linha, Rodolfo de Camargo Mancuso[138] cita Milaré, Camargo Ferraz e Nery Junior, os quais invocam Francesco Carnelluti, nos seguintes termos:

"No que pertine ao Ministério Público, entende o mestre que o interesse processual deriva do poder (legitimidade) que o legislador lhe outorgou para o exercício da ação civil. Em outras palavras, o interesse está pressuposto (*in re ipsa*) na própria outorga da legitimação: foi ele identificado previamente pelo próprio legislador, o qual, por isso mesmo, conferiu a legitimação".

Isto posto, evidenciado está que o Ministério Público possui legítimo interesse nesse tipo de demanda.

O artigo 29 do CDC, capítulo das práticas comerciais, equipara aos consumidores todas as pessoas, determináveis ou não, expostas às práticas nele previstas.

Diante deste enunciado, o órgão do Ministério Público busca a efetiva tutela aos direitos difusos, qual seja, a proteção aos consumidores que já realizaram os contratos, mas, principalmente, daqueles que poderão vir a contratar.

A mera exposição das pessoas a práticas comerciais e contratuais abusivas é o suficiente para que o Ministério Público intervenha para a proteção e devida aplicação do CDC.

---

[137] *Revista do Ministério Público do Rio Grande do Sul*, volume 19, p. 42 e 43.
[138] *A Ação Civil Pública*. São Paulo: Revista dos Tribunais, 1989, p. 35.

Alguns alegam, ainda, que o veto presidencial ao parágrafo único do artigo 83 teria impedido o controle abstrato e preventivo de cláusulas contratuais gerais, pretendendo que a situação excluída se aplique ao Ministério Público, impedindo a sua atuação perante o Judiciário.

Entretanto, olvidam que foi mantido o *caput* do artigo 83 do CDC, o qual permite a utilização de "todas as espécies de ações" para a defesa dos direitos e interesses protegidos neste Código.

Os interesses difusos de "todas as pessoas determináveis ou não, expostas às práticas (...)" abusivas (cláusulas nulas – artigos 29 e 6º, VI, do CDC) são direitos passíveis de proteção previstos no Código de Defesa do Consumidor, pelo que não é possível aceitar o argumento negativo acima comentado.

Não há razão para insistir em optar pelas disposições não-escritas, ao invés das normas expressas, claras e lógicas, que obrigam à atuação do *Parquet*.

Saliente-se, ainda, que o argumento do veto não é direcionado para o Ministério Público, posto que o problema seria a "probabilidade da instauração de inúmeros processos de controle abstrato".

No caso do *Parquet* com possibilidade de atuar, ocorre exatamente o inverso, pois tem ele a autorização legal de investigar (Lei 7.347/85, art. 8º, § 1º) e firmar compromissos de ajustamento (Lei 7.347/85, art. 5º, § 6º), evitando a instauração temerária de ações coletivas e de inúmeras ações individuais.

Saliente-se que se o Ministério Público ficar impedido de realizar a sua precípua obrigação constitucional, certamente proliferarão os litígios individuais e será diminuído o poder de proteção coletiva dos consumidores.

Neste diapasão, exsurge o papel fundamental do Poder Judiciário, pois os agentes econômicos, sabedores de antemão da impossibilidade de êxito de suas contestações aos pedidos de exclusão e ajuste de cláusulas contratuais nulas, farão aumentar a possibilidade de o Ministério Público realizar as correções necessárias, por intermédio de compromissos de ajustamento de conduta às exigências legais, o que evitará, sem dúvida, a propositura de ações civis públicas e, em conseqüência, o abarrotamento dos foros.

Por isso, importante ressaltar que a dúvida sobre o alegado "veto implícito" ao compromisso de ajustamento terminou por completo com a decisão no julgamento do REsp. n° 213947/MG, Relator Ministro Ruy Rosado de Aguiar Júnior, julgado em 06.12.1999, *verbis*:

"Ação Civil Pública. Compromisso de ajustamento. Execução. Título executivo.

O compromisso de ajustamento firmado perante o IBAMA e o Ministério Público constitui título executivo, nos termos do art. 5°, § 6°, da Lei 7347/85, que está em vigor. Recurso conhecido e provido.

(...)

O art. 113 da Lei 8.078/90, não foi vetado, embora a ele faça referência a Mensagem n° 664, de 11.09.90, da Presidência da República, ao tratar dos vetos aos arts. 82, par. 3°, e 92, par. único, do CDC.

(...)

Procurei obter na Câmara dos Deputados a documentação sobre a tramitação e votação da referida mensagem, pela qual verifiquei que realmente não existe veto ao art. 113.

Faltou na mensagem da Presidência da República a expressa menção ao art. 113 do CDC, que assim não foi objeto de veto; nem a referência constante daquele documento, quando tratava de justificar o veto ao art. 92, veio a ser votada no Congresso Nacional como compreensiva do tal veto. Portanto, concluo que a legislação em vigor permite a constituição de título executivo mediante a assinatura de termo de compromisso de ajustamento de conduta, de acordo, com o par. 6° do art. 5° da Lei 7347/85, na redação dada pelo art. 113 do CDC".

Destaque-se que, o Poder Judiciário vem cumprindo função extremamente relevante nesta questão, tendo a 2ª Câmara Cível do Tribunal de Justiça do Estado do Rio Grande do Sul assim decidido sobre o controle prévio e abstrato dos contratos bancários:

"Código de Defesa do Consumidor. Contratos Bancários. Anulam-se as cláusulas que ofendem dispositivos da Lei nº 8.078/90.
(...) Pretende o recorrente, na situação em exame, que se admita a inserção de cláusulas absurdas, ilegais, afrontantes ao ordenamento jurídico, sem que alguém possa interferir. Ora, desde o momento em que a empresa ré trata e lida com o público, atingindo indeterminadamente os seres humanos, a reação contra sua conduta gananciosa deve ser pública, na pessoa do Ministério Público.
Com o que resta afastada a insistente pretensão de não se admitir a legitimidade do Ministério Público". (Ap. Cível nº 597030717, Rel. Des. Arnaldo Rizzardo, julgamento de 25.06.1997).

Seguindo a mesma linha de entendimento, referimos o Acórdão abaixo:

"Ação Civil Pública – O Ministério Público tem legitimidade para discutir cláusulas insertas em minutas de contratos bancários que serão utilizadas no relacionamento da instituição financeira com os seus atuais ou futuros clientes. A possibilidade jurídica do pedido é clara, porquanto as relações decorrentes da concessão de crédito se amoldam à tutela do Código de Defesa do Consumidor (...)" (Apelação Cível nº 595095886, Rel. Des. Nelson Antonio Monteiro Pacheco, julgado de 20.08.1997- TJRGS).

Também sobre o assunto são as apelações cíveis de números 595100934 (julgamento 20.08.1997), 596167551 (julgamento 20.08.1997), 596198259 (julgamento 20.08.1997) e 597106533 (julgamento 03.09.1997), da 2ª Câmara Cível do Tribunal de Justiça do Rio Grande do Sul, nos quais Bancos foram compelidos, prévia e abstratamente, a retirar ou modificar cláusulas abusivas dos seus formulários.

Indo além, já que tal processo é natural e lógico, sabedores os agentes econômicos que, se não ajustarem as cláusulas contratuais nulas de seus contratos, sofrerão a atuação do Ministério Público e do Poder Judiciário, aumentará o poder de "barganha" dos consumidores individualmente considerados, pois estes terão possibilidade de opinar e de não concordar com determinadas cláusulas, atingindo-se, desta forma, um dos principais intuitos da "norma-objetivo" do artigo 4º do CDC, que é a harmonia das relações de consumo.

6.2.3. Da aplicação do CDC aos contratos bancários

Com a devida vênia, a tentativa de argumentar que a atividade bancária não envolve relação de consumo traz à mente o acontecimento vivenciado em Simpósio de Estudo sobre Seguros, realizado na cidade de Gramado no ano de 1994, presentes as grandes seguradoras do País, quando um conhecido advogado perguntou ao Desembargador Cavallieri se o Código de Defesa do Consumidor se aplicaria à atividade dos seguros. O experiente jurista abriu o CDC, começou a ler o artigo 3º, § 2º, e perguntou: "atividade securitária não é a que os senhores exercem? Então se aplica".

De fato, a abertura de crédito, o empréstimo de dinheiro, normalmente são apresentados, em termos publicitários, como produtos das casas bancárias.

Todavia, alguns contestam tal qualificação, dizendo que, em realidade, são serviços.

O que releva, entretanto, é que a atividade bancária, seja quando realiza serviços ou quando entrega produto, se enquadra nas disposições do CDC, não só por expressa determinação do artigo 3º da Lei Protetiva, como também porque integra a ordem econômica, estando abrangida pela "norma-objetivo" do artigo 4º do CDC.

Abordando de maneira ampla e abrangente o tema, assim é o comentário de Nelson Nery Jr.:[139]

---

[139] *CDC Comentado*, ob. cit., p. 304 e ss.

"Analisado o problema da classificação do banco como empresa e de sua atividade negocial, tem-se que é considerado pelo artigo 3°, *caput*, do CDC como fornecedor, vale dizer, como um dos sujeitos da relação de consumo. O produto da atividade negocial do banco é o crédito; agem os bancos, ainda, na qualidade de prestadores de serviço quando recebem tributos mesmo de não clientes, fornecem extratos de contas bancárias por meio de computador etc. Podem os bancos, ainda, celebrar contrato de aluguel de cofre, para a guarda de valores, igualmente enquadrável no conceito de relação de consumo. Suas atividades envolvem, pois, os dois objetos das relações de consumo: os produtos e os serviços.

O aspecto central da problemática da consideração das atividades bancárias como sendo relações jurídicas de consumo reside na *finalidade* dos contratos realizados com os bancos. Havendo a outorga de dinheiro ou do crédito para que o devedor o utilize *como destinatário final*, há a relação de consumo que enseja a aplicação dos dispositivos do CDC. Caso o devedor tome dinheiro ou crédito emprestado do banco para repassá-lo, não será destinatário final e portanto não há que se falar em relação de consumo. Como as regras normais de experiência nos dão conta de que a pessoa física que empresta dinheiro ou toma crédito de banco o faz para sua utilização pessoal, como destinatário final, existe aqui presunção *hominis, juris tantum*, de que se trata de relação de consumo, quer dizer, de que o dinheiro será destinado ao consumo. O ônus de provar o contrário, ou seja, de que o dinheiro ou crédito tomado pela pessoa física não foi destinado ao uso final do devedor, é do banco, quer porque se trata de presunção a favor do mutuário ou creditado, quer porque poderá incidir o artigo 6°, n° VIII, do CDC, com a inversão do ônus da prova a favor do consumidor.

(...)

Os contratos bancários podem ter como objeto o *crédito*. Destes, os mais comuns são os contratos de mútuo, de desconto, de financiamento, de aquisição de produtos ao consumidor, de abertura de crédito, de cartão de crédito etc. Se o devedor destinar o crédito para sua *utilidade pessoal*, como destinatário final, haverá relação jurídica de consumo, sujeita ao regime do CDC.

(...)

A preocupação das legislações estrangeiras e da doutrina alienígena de se incluir o crédito nas normas de proteção do consumidor não foi desprezada pelo CDC, que de fato o incluiu quando definiu consumidor, fornecedor, produto e serviço, fazendo expressa menção às atividades bancárias, de crédito, financeiras e securitárias (artigos 2°, 3° e parágrafos, e 52).

Quanto aos contratos de financiamento de bens duráveis ao consumidor, não há dificuldade para considerá-los como contratos de consumo, já que seu objeto é emprestar dinheiro ao consumidor para que possa adquirir produto ou serviço no mercado de consumo, como destinatário final.

Relativamente ao contrato de cartão de crédito ocorre o mesmo fenômeno: o banco ou a empresa administradora do cartão confere crédito ao consumidor, para que possa adquirir produtos ou se utilizar de serviços, pagando a respectiva fatura em dia determinado para o vencimento da prestação. A finalidade é de celebrar relação jurídica de consumo, portanto.

O problema maior parece ocorrer com os contratos de mútuo e de abertura de crédito rotativo em conta de depósitos (tipo 'cheque especial'), já que se poderia objetar sua caracterização como relação de consumo, porque o dinheiro vai ser gasto pelo devedor, que não seria, assim, consumidor no sentido do Código.

Esse entendimento não pode ser aceito por ferir princípio básico de hermenêutica: o de que nenhuma interpretação pode conduzir ao absurdo. Seria despropositado entender-se que o consumidor devesse ficar eternamente com o dinheiro emprestado do banco, colocando-o debaixo do colchão, para que pudesse ser considerado consumidor do crédito bancário.

O contrato de empréstimo bancário (mútuo) tem como objeto o crédito de dinheiro, que, na expressão de Sérgio Carlos Covello, *'naturalmente* deve ser utilizado para o consumo.' Essa consideração está em perfeita consonância com o artigo 1.892 do Código Civil francês, que nomeia o contrato como sendo 'empréstimo *para consumo* ou mútuo' (*prêt de consommation ou simple prêt*), distinguindo-o do contrato de 'empréstimo a juros' (*prêt à intérêt*), do artigo 1.905.

Sob a denominação genérica de crédito englobam-se todos os concursos financeiros, isto é todas as operações bancárias, mais especificamente o crédito e a operação pela qual o banco coloca uma soma em dinheiro à disposição de outra, não importando se subordinado ou não à aquisição de bem de consumo determinado. O crédito é sempre dado *intuitu personae,* com base na confiança do banco no cliente, que pode ser materializado na forma de dinheiro, coisa ou serviço.

O Código de Defesa do Consumidor evidentemente conferiu regime jurídico próprio aos produtos, que chamou de qualquer bem, móvel ou imóvel, material ou imaterial (artigo 3°, § 1°), noção muito mais abrangente que a de 'bem' e a de 'coisa', do Código Civil. O crédito seria um bem imaterial dado ao consumidor em decorrência do conceito que goza na praça, da confiança que o banco nele deposita, em virtude, ainda, da suficiência de seu patrimônio para garantir eventual empréstimo etc.

(...)

No sistema do CDC, portanto, o banco se inclui no conceito de fornecedor e as atividades por ele desenvolvidas para com o público se subsumem aos conceitos de produto e de serviço, conforme o caso".

Depois de tão claro e óbvio entendimento, muito pouco resta a acrescentar de novo, somente a idéia de que cada produto tem a sua destinação específica e forma de ser consumido. O espetáculo teatral, a diversão são consumidos com a simples presença no ambiente em que são exibidos, a obra de arte, com sua exposição ou permanência na residência, o dinheiro recebido em crédito quando é gasto, pelo que não existe respaldo para argumentação no sentido de que o dinheiro não possa ser consumido.

Saliente-se que o dinheiro, como meio de troca, que não é o caso, mesmo assim teve origem e substituiu o escambo, a permuta, quando os produtos em espécie circulavam e eram consumidos, possuindo, portanto, a mesma natureza e, conseqüentemente, a mesma possibilidade de ser consumido.

Tanto é verdade que Aristóteles[140] comenta sobre o assunto, dizendo o que segue:

"A permuta deste tipo não era, portanto, contrária à natureza, nem era parte da arte de enriquecer, pois existia apenas para preencher lacunas com vistas à auto-suficiência; dela, porém, originou-se a arte de comerciar; com efeito, essas comunidades, depois de suprir-se mais e mais de produtos vindos de fora, obtendo aqueles de que eram carentes e fornecendo aqueles que lhes sobravam tinham necessariamente de instituir o uso do dinheiro, porquanto as coisas naturalmente necessárias à vida muitas vezes não são fáceis de conduzir; conseqüentemente os homens, para efeito de permutas, pactuaram dar e receber certas substâncias que fossem por si mesmas produtos úteis e fáceis de conduzir nas circunstâncias normais da vida (o ferro, por exemplo, a prata e outros da mesma natureza), definidas de início apenas por seu tamanho e peso, mas finalmente marcadas com um símbolo, de modo a dispensar os usuários da obrigação de pesá-las, pois o símbolo indicava o seu valor. Assim, com a invenção da moeda, em decorrência do indispensável intercâmbio de produtos, passou a existir outra forma da arte de enriquecer: o comércio, que a princípio apareceu como uma instituição simples, mas posteriormente se tornou muito mais complexa, à

---

[140] *Política*. Traduzido por Mário da Gama Cury, Brasília: UnB, p. 25 e 26.

proporção que a experiência revelava fontes e métodos de permuta capazes de proporcionar maiores lucros".

Também reconhecendo a aplicação do CDC às atividades bancárias, é a lição de José Geraldo Brito Filomeno:[141]

"Resta evidenciado, por outro lado, que as atividades desempenhadas pelas instituições financeiras, quer na prestação de serviços aos seus clientes (por exemplo, cobrança de contas de energia elétrica, água e outros serviços, ou então expedição de extratos-avisos, etc.), quer na concessão de mútuos ou financiamentos para aquisição de bens, inserem-se igualmente no conceito amplo de serviços e enquadram-se indubitavelmente nos dispositivos do Código de Defesa do Consumidor".

Ainda sobre o tema é lição de Adalberto Pasqualotto:[142]

"Dentre os serviços de consumo, o § 2° do artigo 3°, inclui expressamente os de natureza bancária, financeira, de crédito e securitária. A oposição desses setores econômicos ao dispositivo é manifesta. Embora o dinheiro em si mesmo, não seja objeto de consumo, ao funcionar como elemento de troca, a moeda adquire a natureza de bem de consumo. As operações de crédito ao consumidor são negócios de consumo por conexão, compreendendo-se nessa classificação todos os meios de pagamento em que ocorre diferimento da prestação monetária, como cartões de crédito, cheques-presente, etc. Aliás, a inclusão desses setores em regime jurídico especial está de acordo com a recente evolução legislativa brasileira, haja vista a Lei 7.913, de 07-12-89, que dispõe sobre a ação civil pública de responsabilidade por danos aos investidores do mercado de valores mobiliários. Indo ao encontro da tendência moderna de tutela coletiva contra os danos de massa, essa lei atribuiu legitimidade ao Ministério Público para buscar ressarcimento em nome dos investidores em bolsas de valores lesados em operações fraudulentas

---

[141] *Manual de Direito do Consumidor.* 2ª ed. São Paulo: Atlas, p. 36 e 37.

[142] *Revista dos Tribunais*, volume 666, São Paulo: RT, p. 53.

e outras práticas ilícitas. Está, pois, em harmonia com o sistema considerar serviços de consumo as atividades bancárias, financeiras, creditícias e securitárias".

Por último, cabe referir, novamente, passagem do fabuloso artigo do Magistrado do Rio Grande do Sul, Dr. Paulo Heerdt,[143] contestando expressamente minoria dos doutrinadores que se insurgem quanto à aplicação do CDC aos contratos bancários:

> "Fornecedor de produtos ou serviços. Manteve-se a conceituação do artigo 3º do Código, pois que o artigo 29 ampliou apenas o conceito de consumidor. Entretanto, alargando este último conceito, automaticamente ampliou os negócios jurídicos sujeitos às regras dos capítulos V e VI. Com isso, não mais serve o sentido limitado que se deva atribuir a produto ou serviço.
>
> Dessa forma, não faz qualquer sentido a interpretação restrita que pretenderam dar Geraldo Vidigal, Arnoldo Wald, Luiz Gastão Paes de Barros Leães e Manoel Gonçalves Ferreira Filho, para excluir a atividade bancária dos regramentos do Código de Defesa do Consumidor. No que diz com os contratos de adesão e cláusulas abusivas, pelo menos, não mais se poderá excluir quaisquer atividades sob o pretexto de não se tratar de relação de consumo".

Destarte, podemos concluir que o CDC, de fato, se aplica aos contratos bancários, estando a questão devidamente solucionada, a partir do julgamento do tema pelo Supremo Tribunal Federal, decisão que transcrevemos:

> "ADI 2591/DF – Distrito Federal. Ação Direta de Inconstitucionalidade. Relator(a): Min. Carlos Velloso, Relator(a) p/Acórdão: Min. Eros Grau, Julgamento: 07/06/2006. Órgão Julgador: Tribunal Pleno. Publicação DJ 29/09/2006, p. 31.
>
> Código de Defesa do Consumidor. Art. 5º, XXXII, da CB/88. Art. 170, V, da CB/88. Instituições financeiras.

---

[143] *Revista Direito do Consumidor*, volume 6, ob. cit., p. 90.

Sujeição delas ao Código de Defesa do Consumidor, excluídas de sua abrangência a definição do custo das operações ativas e a remuneração das operações passivas praticadas na exploração da intermediação de dinheiro na economia [art. 3º, § 2º, do CDC]. Moeda e taxa de juros. Dever-poder do Banco Central do Brasil. Sujeição ao Código Civil. 1. As instituições financeiras estão, todas elas, alcançadas pela incidência das normas veiculadas pelo Código de Defesa do Consumidor. 2. 'Consumidor', para os efeitos do Código de Defesa do Consumidor, é toda pessoa física ou jurídica que utiliza, como destinatário final, atividade bancária, financeira e de crédito. 3. O preceito veiculado pelo art. 3º, § 2º, do Código de Defesa do Consumidor deve ser interpretado em coerência com a Constituição, o que importa em que o custo das operações ativas e a remuneração das operações passivas praticadas por instituições financeiras na exploração da intermediação de dinheiro na economia estejam excluídas da sua abrangência. 4. Ao Conselho Monetário Nacional incumbe a fixação, desde a perspectiva macroeconômica, da taxa base de juros praticável no mercado financeiro. 5. O Banco Central do Brasil está vinculado pelo dever-poder de fiscalizar as instituições financeiras, em especial na estipulação contratual das taxas de juros por elas praticadas no desempenho da intermediação de dinheiro na economia. 6. Ação direta julgada improcedente, afastando-se a exegese que submete às normas do Código de Defesa do Consumidor [Lei n. 8.078/90] a definição do custo das operações ativas e da remuneração das operações passivas praticadas por instituições financeiras no desempenho da intermediação de dinheiro na economia, sem prejuízo do controle, pelo Banco Central do Brasil, e do controle e revisão, pelo Poder Judiciário, nos termos do disposto no Código Civil, em cada caso, de eventual abusividade, onerosidade excessiva ou outras distorções na composição contratual da taxa de juros. Art. 192, da CB/88. Norma-objetivo. Exigência de Lei Complementar exclusivamente para a regulamentação do sistema financeiro. 7. O preceito veiculado pelo art. 192 da Constituição do Brasil consubstancia norma-objetivo que estabelece os fins a serem perseguidos pelo sistema financeiro nacional, a promoção do desenvolvimento equilibrado do País e a realização dos interesses da coletividade. 8. A exigência de lei complementar veiculada pelo art. 192 da Constituição abrange exclusivamente a regulamentação da estrutura do sistema financeiro. Conselho Monetário Nacional. Art. 4º, VIII, da Lei n. 4.595/64. Capacidade normativa atinente à Constituição, funcionamento e fiscalização das instituições financeiras. Ilegalidade de resoluções que excedem essa matéria. 9. O Conselho Monetário Nacional é titular de capacidade normativa – a chamada capacidade normativa de conjuntura – no exercício da qual lhe incumbe regular, além da constituição e fiscalização, o funcionamento das instituições financeiras, isto é, o desempenho de suas atividades no plano do sistema financeiro. 10. Tudo o quanto exceda esse desempenho não pode ser objeto de regulação por ato normativo produzido pelo Conselho Monetário Nacional. 11. A produção de atos normativos pelo Conselho Monetário Nacional, quando não respeitem ao funcionamento das instituições financeiras, é abusiva, consubstanciando afronta à legalidade.

Decisão: Após o voto do Senhor Ministro Carlos Velloso, Relator,emprestando ao § 2º do artigo 3º da Lei 8.078, de 11 de setembro de1990, interpretação conforme a Carta da República, para excluir da incidência a taxa dos juros reais nas operações bancárias, ou a sua fixação em 12% (doze por cento) ao ano, e do voto do Senhor Ministro Néri da Silveira, julgando improcedente o pedido formulado na inicial, solicitou vista o Senhor Ministro Nelson Jobim. Falaram, pela Confederação Nacional do Sistema Financeiro – CONSIF, o Professor Ives Gandra da Silva Martins, e, pela Advocacia-Geral da União, o Dr. Walter do Carmo Barletta. Presidência do Senhor Ministro Marco Aurélio. Plenário, 17.4.2002. Decisão: Renovado o pedido de vista do Senhor Ministro Nelson Jobim, justificadamente, nos termos do § 1° do artigo 1° da Resolução n° 278, de 15 de dezembro de 2003. Presidência do Senhor Ministro Maurício Corrêa. Plenário, 28.04.2004. Decisão: Preliminarmente, o Tribunal, por unanimidade, indeferiu o requerimento do IDEC-Instituto Brasileiro de Defesa do Consumidor. Ausente, justificadamente, nesta preliminar, o Senhor Ministro Celso de Mello. O Tribunal, por maioria, entendeu não estar prejudicada a ação, vencidos os Senhores Ministros Sepúlveda Pertence, Eros Grau e Carlos Britto. Após o voto do Senhor Ministro Nelson Jobim (Presidente), que acompanhava o voto do relator pela procedência parcial da ação, para dar interpretação conforme a Constituição, e do voto do Senhor Ministro Néri da Silveira, que a julgava improcedente, pediu vista dos autos o Senhor Ministro Eros Grau. Ausente, justificadamente, neste julgamento, o Senhor Ministro Gilmar Mendes. Plenário, 22.02.2006. Decisão: Após o voto-vista do Senhor Ministro Eros Grau, que julgava improcedente a ação, no que foi acompanhado pelos Senhores Ministros Joaquim Barbosa, Carlos Britto e Sepúlveda Pertence, este último em antecipação, pediu vista dos autos o Senhor Ministro Cezar Peluso. Não participa do julgamento o Senhor Ministro Ricardo Lewandowski por suceder ao Senhor Ministro Carlos Velloso que já proferiu voto. Ausente, justificadamente, neste julgamento, o Senhor Ministro Gilmar Mendes. Presidência da Senhora Ministra Ellen Gracie. Plenário, 04.05.2006. Decisão: Prosseguindo no julgamento, o Tribunal, por maioria, julgou improcedente a ação direta, vencido parcialmente o Senhor Ministro Carlos Velloso (Relator), no que foi acompanhado pelo Senhor Ministro Nelson Jobim. Votou a Presidente, Ministra Ellen Gracie. Redigirá o acórdão o Senhor Ministro Eros Grau. Ausente, justificadamente, neste julgamento, o Senhor Ministro Gilmar Mendes. Não participou da votação o Senhor Ministro Ricardo Lewandowski por suceder ao

Senhor Ministro Carlos Velloso, Relator do presente feito. Plenário, 07.06.2006".

6.2.4. *Dos interesses envolvidos nos contratos bancários*

Alegam alguns dos defensores da falta de atribuição do *Parquet* para a postulação judicial de exclusão ou ajuste de cláusulas abusivas, que o Ministério Público, por determinação constitucional, tem sua atuação circunscrita aos interesses difusos e coletivos, bem como somente está legitimado para a defesa de interesses indisponíveis, sendo que a disponibilidade se apresenta como característica, apenas da terceira categoria, a dos individuais homogêneos, estando ausente nas duas primeiras, a dos difusos e dos coletivos.

Na realização do controle judicial prévio e abstrato[144] dos contratos bancários, na forma já ressaltada, o Ministério Público defende interesses difusos, forte no art. 29 do CDC, e não interesses individuais homogêneos.

Apenas para argumentar, mesmo que se tratassem de interesses individuais homogêneos, ainda assim o Ministério Público teria legitimidade para defendê-los.

O professor e advogado Galeno Lacerda[145] discorre sobre o assunto, dizendo o que segue:

> "Nas ações movidas pelo Ministério Público ou por entidades de classe, relativas a direitos individuais homogêneos, não se cogita de apurar o *quantum debeatur* concernente a cada titular, mas sim, o *an debeatur* isto é, de definir e de reconhecer a responsabilidade do réu pelo dano genérico. A individualização pertencerá à liqüidação e execução, em regra".

Na mesma Revista Ajuris, assim escreveu o Desembargador Galeno Lacerda:[146]

---

[144] Ver: BONATTO, Cláudio. *Código de Defesa do Consumidor – Cláusulas Abusivas nas Relações Contratuais de Consumo.* 2ª ed. Porto Alegre: Livraria do Advogado, 2004, p. 126/131.

[145] *Revista da AJURIS* nº 59, p. 56.

[146] Ob. cit., p. 58 e 59.

"Sempre que existir substituição processual em qualquer dos pólos da relação processual, isto é, sempre que os titulares dos direitos subjetivos em lide forem substituídos pelo Ministério Público ou associação de classe, a sentença será genérica e normativa, porque o Juiz ou Tribunal a profere em tese, sem conhecer a identificação pessoal dos respectivos titulares do direito ou do dever jurídico em litígio.

(...) o mesmo, no que concerne à liquidação e execução das sentenças proferidas nas ações coletivas para defesa de interesses individuais homogêneos, quando movidos, também, por substituição processual".

Também sobre a atuação preventiva, ensina Galeno Lacerda[147] que:

"O objeto da ação civil pública consiste na eliminação dos danos ao meio ambiente, ao consumidor e a bens e direitos de valor artístico, como nós vimos. Entendo que essa nova ação possa ser proposta também em caráter preventivo; não apenas repressivo, mas também preventivo. Essa minha convicção se alicerça, se legitima, tendo-se em vista que essas ações poderão ser antecipadas por uma ação cautelar. O artigo 4º prevê expressamente a possibilidade de ação cautelar para fins desta lei, objetivando inclusive evitar o dano ao meio ambiente, ao consumidor (...). Evitar o dano, vejam os senhores. Portanto, pode ser empregada de modo preventivo, e não apenas repressivo. E notem que mesmo nesta condição de ação preventiva a ação será também condenatória, porque imporá um veto, 'não fazer', de omitir-se".

Comentando sobre o tema assim escreve Nelson Nery Jr.,[148] ensinamentos que merecem transcrição:

"O Ministério Público tem legitimidade para a defesa dos direitos difusos e coletivos (artigo 129, III, CF).

---

[147] Ação Civil Pública. *Revista do Ministério Público do Estado do Rio Grande do Sul*, volume 19, p. 15.

[148] *Revista Direito do Consumidor*, volume 1, ob. cit., p. 203.

Quanto aos individuais homogêneos, a legitimação do *Parquet* para defendê-los está nos artigos 127, *caput* e 129, IX, ambos da CF e artigo 1º do CDC. Relativamente aos direitos individuais 'puros', ou individuais em sentido estrito, não homogêneos, não há razão para o Ministério Público defendê-los em juízo".

No mesmo sentido é a lição da Professora Ada Pellegrini Grinover:[149]

"Muito embora a Constituição atribua ao MP apenas a defesa de interesses individuais indisponíveis (artigo 127), além dos difusos e coletivos (artigo 129, III), a relevância social da tutela coletiva dos interesses ou direitos individuais homogêneos levou o legislador ordinário a conferir ao MP a legitimação para agir nessa modalidade de demanda, mesmo em se tratando de interesses ou direitos disponíveis, em conformidade, aliás, com a própria Constituição, que permite a atribuição de outras funções ao MP, desde que compatíveis com sua finalidade (artigo 129, IX)".

Resta, assim, definido que inexiste a limitação constitucional ao Ministério Público, relativamente à defesa dos interesses individuais homogêneos.

Somente no ano de 1994, foram propostas em torno de 10 ações pelo *Parquet*, na Capital Gaúcha, contra consórcios que lesavam consumidores.

Nestas ações, efetivamente tendentes à proteção de interesses individuais homogêneos, já que havia sido obstaculizada a comercialização dos contratos, restando, apenas, a indenização dos consumidores lesados, foram concedidas liminares e acolhidas cautelares, resultando na apreensão de bens para a garantia das vítimas e na economia de centenas de ações individuais desnecessárias, o que comprova que a atuação do *Parquet* deve ser estimulada, até porque fundamentada na Lei.

---

[149] A Ação Civil Pública e a Defesa de Interesses Individuais Homogêneos. *Revista Direito do Consumidor*, volume 5, São Paulo: RT, p. 213.

Saliente-se, também, que em ações como as acima referidas existe um interesse público muito maior que é o de desafogo dos Foros e o restabelecimento do crédito e da confiança, elementos fundamentais para o desenvolvimento de um país.

Além disso, sempre que existirem crimes em tese, que possam estar sendo praticados por fornecedores, sob o manto do descumprimento contratual, evidenciado pela não-entrega de equipamentos, de bens, etc., existirá interesse público evidente que, certamente, prevalecerá para o fim de aferição das condições da ação. Desta forma, em que pese muitas vezes aparentar a situação analisanda abranger somente interesses disponíveis, em realidade é integrada por interesses indisponíveis, obrigando a atuação do Ministério Público.

Outro aspecto digno de nota é o de que a disponibilidade não é característica dos interesses individuais homogêneos, pois, na forma suprademonstrada, podem estar conjugados com o interesse público ou a relevância social, perdendo qualquer sentido o reconhecimento de disponibilidade em hipótese onde são maculados estes dois conceitos, desde que sejam as circunstâncias coletivamente consideradas. É obvio que o interesse individual em si será disponível, mas ele, coletivamente apreciado, perderá tal condição, eis que sempre preponderará o socorro ao interesse público e à relevância social.

Como conclusão, não há como identificar o controle prévio e abstrato de cláusulas abusivas de contratos bancários com a defesa de interesses individuais homogêneos, tendo os argumentos neste sentido servido exclusivamente para conturbar os feitos que tramitam na Justiça Brasileira, haja vista a obviedade da questão.

6.3. Dos contratos de tempo compartilhado ("time sharing")

Os contratos de *time sharing* ou de tempo compartilhado surgiram como uma forma de oportunizar a um número maior de consumidores a aquisição de moradas de lazer, fazendo com que a construção de cada unidade habitacional possa servir a várias pessoas ou famílias, ao longo de um determinado espaço de tempo.

A idéia, então, prevê que as várias semanas do ano sejam divididas entre 52 consumidores ou famílias, possibilitando, desta forma, a todos eles a utilização do mesmo espaço de lazer.

Com tal estrutura negocial, os consumidores passaram a ter capacidade para adquirir produtos que antes não tinham condições, haja vista que o preço dividido da unidade de construção se evidenciava como bastante acessível e barato, disso surgindo inúmeros conjuntos habitacionais por toda a Europa, a qual aceitou com muita facilidade a nova técnica de venda de imóveis, tendo em vista que o turismo é uma das suas principais fontes de receita.

É importante salientar que este tipo de contrato surgiu nos Estados Unidos da América do Norte, mas que muitos outros países passaram, na atualidade, a adotá-lo, tendo em vista as grandes vantagens que traz ao mercado de consumo e até ao meio ambiente.

Especificamente sobre o início dos contratos ora comentados, escreve Roberto J. Pugliese[150] que:

"(...) no fim dos anos cinqüenta e início dos anos sessenta, os norte-americanos resolveram melhor adequar o uso dos computadores, então nem tanto proliferados popularmente, e criaram um condomínio especial, através do qual estabelecia-se tempo para que os condôminos os usassem. A par, estabeleceu-se regras especiais, de modo a partilhar os custos e manutenção decorrentes".

Também acrescenta o doutrinador que:

"(...) os americanos criaram um modo econômico de popularizar o uso de uma engenhosa máquina que, em razão do elevado custo, deveria ser utilizada, sempre e concomitantemente, por diversos proprietários. O uso

---

[150] *Revista dos Tribunais*, volume 733, São Paulo: RT, p. 740.

faria com que os investimentos fossem pagos com mais facilidade. Diante da necessidade que se apresentava, a criatividade dos juristas de lá fez instituir o embrião do que atualmente se conhece no mercado imobiliário e há boa data está deveras difundido, que é o condomínio de tempo, *time sharing*".

Os ambientalistas igualmente viram no contrato de *time sharing* uma grande solução para evitar uma maior proliferação de danos ao meio ambiente, tendo em vista que, ao invés de serem construídas 52 unidades autônomas, uma para cada família, constrói-se apenas uma unidade que é compartilhada por todas elas.

Com isso, outros serviços, tais como coleta de lixo, abastecimento de água, abastecimento de eletricidade, de gás, bem como o saneamento básico, são bastante facilitados, disso resultando uma evidente economia de materiais de construção e de mão-de-obra. Aliás, quanto a esta última, importa salientar que nem por isso ocorre diminuição do nível de emprego, pois inúmeros contratos de trabalho são firmados com o objetivo da manutenção do complexo turístico.

Sobre o tema, assim se manifesta Gustavo Tepedino:[151]

"Do ponto de vista da indústria turístico-hoteleira e de serviços, a economia das regiões envolvidas se mantém aquecida, de forma homogênea, em todos os períodos do ano, estimulando a um só tempo o desenvolvimento e a estabilidade do comércio local, com repercussões positivas até mesmo para o equilíbrio ecológico, por resguardar o meio ambiente da proliferação indiscriminada de construções".

Cabe destacar, todavia, que os contratos em questão se caracterizam como de adesão, obrigando-se, então, à utilização de novos e modernos critérios para interpretá-los.

Sobre a matéria, comenta a Professora Cláudia Lima Marques:[152]

---

[151] *Multipropriedade Imobiliária*, São Paulo: Saraiva, 1993, p. 5.

[152] *Revista Direito do Consumidor*, volume 1, ob. cit., p. 32.

"O contrato, negócio jurídico por excelência, continua a ser um ato de auto-regulamentação dos interesses das partes, e, portanto, um ato de autonomia privada, mas este ato só pode ser realizado nas condições agora permitidas pela lei. É uma nova concepção mais social do contrato, onde a vontade das partes não é a única fonte das obrigações contratuais, onde a posição dominante passa a ser a da lei, que dota, ou não, de eficácia jurídica aquele contrato de consumo".

Especificamente escrevendo sobre os contratos de *time sharing*, neste sentido é a incontestável posição da festejada Doutrinadora,[153] ensinamentos infratranscritos:

"No contexto do turismo desenvolve-se também uma outra relação contratual que enormes proporções assume nos Estados Unidos e agora na Europa, trata-se do *Time Sharing*. Contrato de múltiplas características geralmente visa o uso de um imóvel em área turística, por determinado tempo por ano (1 ou 2 semanas ou meses). Preferimos não incluir este típico contrato de consumo entre os contratos imobiliários, antes tratados, porque nem sempre o contrato de *time sharing* faz nascer direitos em relação ao imóvel, podendo ser meramente uma relação obrigacional entre a empresa (proprietária ou exploradora de empreendimento turístico) e o consumidor (que desfruta de um direito de uso limitado no imóvel de férias e de suas 'comodidades' semelhantes a um hotel). Em Portugal, na nova Lei 275, de 1.8.93, define os direitos do consumidor resultantes desta relação contratual de 'direitos de habitação turística', porque podem ser inclusive trocados por 'direitos semelhantes' em outros locais, empreendimentos e hotéis, que trabalham com *time-sharing*. Assim também a nova Diretiva da Comunidade para a proteção dos consumidores envolvidos nestes contratos, Diretiva de 14.3.94, regula apenas os aspectos obrigacionais da relação.

---

[153] *Contratos no Código de Defesa do Consumidor*, ob. cit., p. 127 a 129.

A relação do *time sharing* é geralmente uma relação complexa, envolvendo geralmente três personagens: o verdadeiro proprietário do imóvel, geralmente um incorporador que tem interesse em revender o 'uso' do imóvel para os consumidores, o administrador do *time-sharing*, que organiza ou diretamente cuida do empreendimento turístico, das taxas e do fundo de manutenção, do oferecimento de possibilidades de lazer e de alimentação para os consumidores, que recolhe as taxas e ônus dos 'co-condôminos' ou contratantes do *time sharing* e o consumidor, que vê neste direito de habitação periódica uma segurança para as férias e lazer, sem os ônus de uma propriedade e sem o investimento inicial que significa a aquisição de um imóvel.

A complexidade do contrato de *time-sharing* e a pouca compreensão alcançada pelo consumidor dos deveres e direitos futuros são considerados fortes indícios da vulnerabilidade do consumidor ou pessoa a ele equiparada que assina o contrato.

A proteção assegurada ao consumidor nestas novas relações contratuais na Europa concentra-se em três temas: a) o direito de informação e de reflexão, permitindo a nova Diretiva um direito de arrependimento (art. 5º), proibindo o pagamento antecipado e obrigando a utilização de uma tradução ou versão do contrato em uma língua conhecida pelo consumidor; b) a proteção das expectativas legítimas dos consumidores, estabelecendo as normas européias um tempo mínimo de gozo do direito adquirido (1 semana) e valorizando o adimplemento dos deveres secundários assumidos pelo administrador, tais como alimentação, organização de excursões, jogos etc: c) por fim, a jurisprudência atua protegendo os consumidores nos comuns pré-contratos de *time sharing*, nem sempre cumpridos. Esta nova linha de proteção do consumidor deve aqui ser mencionada uma vez que se trata de uma relação contratual de longa duração, que face ao vazio legislativo, deve ser guiada pelo princípio de boa-fé na formação e execução dos contratos.

A caracterização destes contratos e relações como sendo de consumo facilita atingirmos este nível de lealdade e respeito ao consumidor também no Brasil, justamente pois este princípio de boa-fé e seus deveres anexos encontra-se positivado na nova lei".

Em assim sendo, o contrato de tempo compartilhado evidencia-se como um contrato atual, mas que precisa, ainda, ser bastante estudado, tendo em vista uma série de situações de desarmonia que começaram a surgir no mercado de consumo, como adiante se demonstrará.

6.3.1. Do direito de arrependimento

A grandiosidade dos empreendimentos de construção dos chamados *time-sharing* fez com que a ganância de alguns exagerasse na formulação de cláusulas leoninas, surgindo no mercado vários contratos de adesão com disposições nulas de pleno direito.

Não bastasse isso, várias práticas abusivas também foram criadas, como forma de impingir a compra de imóveis aos consumidores.

Assim, os grandes empresários criaram estruturas de *marketing* faraônicas, com vendedores treinados especificamente para a venda de produtos e com várias técnicas de neurolingüística, fazendo com que grande número de consumidores adquirissem produtos que sequer possuíam condições de pagar.

Disso resultou a proliferação de ações judiciais individuais nos foros cíveis especiais gaúchos, visando à rescisão dos contratos firmados, com a devolução do numerário gasto.

Também decorreu da agressiva prática comercial a desarmonização do mercado de consumo, o que trouxe reflexos até mesmo para outras áreas da construção de imóveis, tais como a de incorporação imobiliária, pois os consumidores passaram a entender que empresas construtoras, de um modo geral, estavam a prejudicá-los, o que não era verdade, mas sim, que algumas más fornecedoras haviam adotado uma técnica comercial imprópria.

A reação a esta agressão foi a atuação do Ministério Público, em conjunto com os consumidores lesados, tendo sido firmados compromissos de ajustamento e interposta ação coletiva, como forma de preconizar o reconhecimento do direito de arrependimento, em razão de os contratos de tempo compartilhado não preverem tal direito, bem como por serem firmados, na maioria das vezes, em condições caracterizadoras da chamada "venda emocional".

Então, para coibir a venda emocional, entende-se que devem ser aplicados os artigos 4º, incisos I, III, IV e VI, 6º, incisos IV e VI, e 49, todos do CDC, visando a conceder ao consumidor um período de 7 dias de reflexão, no qual poderá, *racionalmente*, optar pela continuidade ou não da contratação.

Algumas empresas do ramo argumentaram que o artigo 49 do CDC, que prevê expressamente o direito de arrependimento, não se aplicaria, haja vista que a contratação ocorrera dentro do estabelecimento empresarial, sendo que a norma legal assegura tal direito somente no caso de contratos firmados fora do estabelecimento comercial, especialmente nas vendas por telefone ou a domicílio.

A réplica a tal entendimento é singela, em primeiro lugar porque o início da venda, nos termos dos artigos 30 e 31 do CDC, ocorre no momento da oferta, a qual é formulada por telefone e também fora do estabelecimento, eis que o consumidor é, via de regra, cooptado em semáforos e em entrevistas nas ruas, para participar de coquetéis ou jantares, nos quais o produto é apresentado por vendedores altamente qualificados e preparados, situação que enseja um constrangimento que pode estender-se por várias horas.

Tal situação configura circunstância comprobatória de que o consumidor está em flagrante desvantagem para contratar, pois contra si se movimenta todo um aparato de convencimento, encantamento e imposição.

Igualmente são feitas afirmações enganosas no sentido de que o consumidor foi "sorteado", "escolhido" ou "indicado" como ganhador de prêmios consistentes em estadias gratuitas em hotéis no exterior ou no próprio país, tudo isto criando uma atmosfera de "vitória", "euforia", mecanismos psicológicos hábeis e propícios para o início da "venda emocional".

Mesmo que assim não se entendesse, a própria existência de abusividade na prática comercial já denotaria que o artigo 49 deve ser aplicado, pois, se é que existe alguma lacuna no dispositivo, ela pode ser facilmente colmatada pela utilização dos princípios contidos nos demais artigos citados neste item, quais sejam, os princípios da vulnerabilidade, da repressão eficiente aos abusos praticados no mercado de consumo, da harmonia das relações de consumo e muitos outros já comentados no início deste trabalho.

Nelson Nery Jr.[154] discorre sobre o assunto:

"O direito de arrependimento existe quando a contratação se der fora do estabelecimento comercial. Isso pode ocorrer das mais variadas formas. O Código enumerou de modo exemplificativo, algumas dessas maneiras de contratação: por telefone e a domicílio.

O caráter de *numerus apertus* desse elenco é dado pelo advérbio 'especialmente' constante da norma. Essa expressão indica claramente o propósito da lei de enumerar exemplos e não hipóteses taxativas".

Nesse sentido, decisão da 9ª Câmara Cível do Tribunal de Alçada do Rio Grande do Sul, em acórdão da lavra da Juíza de Alçada Maria Isabel de Azevedo Souza:

"Contrato particular de promessa de compra e venda de fração ideal – 1/52 de unidade a ser construída em condomínio. Utilização por períodos anuais. Tempo compartilhado. Cláusulas abusivas. Decretação de nulidade de ofício. Direito de arrependimento. Código de Defesa do Consumidor. Art. 49. Desconhecimento das

---

[154] *Código Brasileiro de Defesa do Consumidor*, ob. cit., p. 327.

cláusulas relativas ao uso do imóvel." (Apelação Cível nº 196115299, julgamento realizado em 10.09.96).

Em conclusão, em que pese a complexidade dos contratos ora analisados, já que alguns prevêem a concessão de direito de uso, outros a propriedade, ações de sociedades, etc., bem como que também existem várias outras cláusulas abusivas, entendeu-se oportuno abordar especificamente o tema do direito de arrependimento, posto que a interpretação meramente literal da lei, fugindo aos seus princípios teleológicos, pode redundar na configuração de danos aos consumidores, com a conseqüente desarmonização das relações de consumo.

6.4. Do contrato de cartão de crédito

Um dos mais interessantes pactos criados na moderna vida de relações comerciais de massa é o contrato de cartão de crédito, posto que é integrado por várias espécies de negócios que, conjugados, criam muitas facilidades para a ágil circulação de riquezas, servindo também como mecanismo de substituição da moeda, com vantagens para a segurança do usuário.

Rosana Grinberg[155] discorre sobre a provável origem deste tipo de negócio dizendo que:

"(...) segundo Fausto Pereira de Lacerda Filho, quem primeiro utilizou a expressão 'cartão de crédito' foi Edward Bellamy, em 1888, ao escrever a novela *Looking Backward*, traduzida em português como *O Ano 2000* (*Cartões de Crédito*, Juruá, 1990, p. 15-17). A instituição do cartão de crédito, segundo alguns e sem que se possa provar a veracidade, teria surgido do talento e inteligência do milionário norte-americano Alfred Bloomingdale, proprietário da cadeia de lojas conhecidas pelo seu sobre-

---

[155] O Ministério Público e a Questão dos Cartões de Crédito. *Revista Direito do Consumidor*, volume 6, São Paulo: RT, p. 142.

nome, que acidentalmente, ao jantar com seus amigos Frank Mac Namara e Ralph Schneider, a quem convidara, foi tomado pelo constrangimento de ter esquecido o seu talão de cheques e não dispor também, no momento, de dinheiro em espécie. Por ser pessoa muito conhecida, não teve dificuldade em 'pendurar a conta', mas, a partir daí começou a ponderar com seus amigos, sobre as vantagens que o público poderia desfrutar se recebesse gentilezas semelhantes por parte dos donos de restaurantes. A concepção inicial do sistema, portanto, previa a utilização do cartão de crédito tão somente em restaurantes, daí se originando o nome 'Dinners Club', com que passou a ser conhecida a sociedade criada pelos três amigos (ob. cit., p. 19)".

Em seguimento, citando o mesmo autor: "o cartão de crédito constitui-se numa invenção vinculada a dois temores básicos e características do ser humano: o temor de perder dinheiro, na acepção de extravio ou de tê-lo roubado, e o temor de não poder comprar alguma coisa de que necessitamos ou julgamos necessitar (ob. cit., p. 19)".

O crédito, na forma já salientada, constitui-se em flagrante "aluguel de dinheiro", colocada a expressão exclusivamente para facilitar a abordagem do tema, pois é por intermédio da sua concessão ao consumidor que este terá condições de se transportar para uma situação de vida materialmente melhor, que ocorrerá quando tiver satisfeitas as suas necessidades pela aquisição de algo.

Assim, da mesma forma que um automóvel que é alugado e serve de transporte para o destino desejado, o crédito funciona com as mesmas características, motivo pelo qual adotamos o entendimento de que a concessão de crédito é serviço executado pelas administradoras do negócio.

Então, não há como afastar a incidência do CDC para regular tais relações, tendo Cláudia Lima Marques[156] definido a questão ao dizer que:

---

[156] Os Contratos de Crédito na Legislação Brasileira de Proteção ao Consumidor. *Revista Direito do Consumidor*, volume 17, São Paulo: RT, p. 42.

"(...) o art. 52 do CDC foi redigido de forma bastante ampla e aplica-se tanto aos contratos de venda a prazo com reserva de domínio, quanto aos chamados contratos de crédito variável, como as contas bancárias especiais incluindo pré-financiamento e os cartões de crédito ou similares (...)".

O contrato em questão, portanto, envolve relações entre vários sócios jurídicos que podem ser quatro pessoas, de um modo geral.

Com efeito, na primeira relação, a administradora A credencia o consumidor C, estando embutida nesta negociação uma assunção de dívida pela qual A se obriga a pagar para C determinada quantia que, originariamente, caberia a C pagar a outrem. Para tanto, C pagará a A uma determinada quantia anual, correspondente à remuneração pelo serviço prestado de conceder o crédito e de pagar seu eventual débito.

A segunda relação acontece quando o vendedor de produtos ou de serviços B apanha assinatura de C, ocasião em que se completa o contrato de compra e venda, pelo qual C recebe determinado "bem-da-vida", atendendo às suas necessidades, e B recebe a promessa de que será pago por A. Nesta situação, A paga a B e se sub-roga nos direitos de crédito que B teria contra C, por ocasião da aquisição de produtos ou serviços.

É importante salientar que a relação direta entre A e C não é essencial no caso concreto específico, pois todo o mecanismo pode ser movimentado por um terceiro que, por hipótese, tenha furtado o cartão e venha a realizar aquisições em nome do consumidor.

Uma terceira relação comercial existe entre A e B, podendo ser qualificada de um contrato de prestação de serviços mútuos, no qual A facilita a B ter adquirido por C seus produtos ou serviços, pois o consumidor não necessitará se deslocar com quantias de vulto pelas ruas, bastando o porte de um mero cartão de plástico para executar o atendimento às suas necessidades.

Isto aumenta o poder de venda de B, beneficiando-se este, também, pela possibilidade de planejamento econômico-financeiro, haja vista a certeza de que receberá o seu crédito de A.

Recebe A um serviço de B, pois este coleta a assinatura de C, completando a cadeia comercial e possibilitando a A cobrar o valor correspondente à anuidade paga por C. Além disso, cabe a B a conferência da legitimidade do cartão e do seu usuário. Portanto, para que isto ocorra, os fornecedores B deverão estar credenciados junto à Administradora A, estabelecendo-se a parceria comercial que trará lucro para ambos.

Alguns autores identificam no relacionamento entre A e B a existência de mandato outorgado ao primeiro pelo último, pois, no caso de A não possuir dinheiro para saldar imediatamente o crédito de B, terá de socorrer-se de uma empresa financeira, surgindo uma quarta relação negocial.

Nesta quarta etapa, A presta um serviço a B e vai até o Banco D, em nome de B, pedir dinheiro. Normalmente, tal situação acontece quando B não deseja esperar 30 dias para receber de A, e como este não é uma financeira e não tem dinheiro imediato em caixa, precisa receber o aporte de numerário de D.

Deve ser salientado que A é remunerado por C, recebendo o valor correspondente à inscrição, além da anuidade. Também recebe A um percentual sobre o total das vendas do cartão, diretamente de B, sendo que os encargos financeiros que eventualmente tenha o consumidor C de pagar serão repassados integralmente pelo agente financeiro, pois correspondem ao custo do dinheiro.

No tocante ao tema, Reinaldo Ribeiro Daiuto[157] cita Fran Martins, dizendo que:

> "(...) constituindo os cartões de crédito um novo instrumento de negociação que, abolindo o uso do dinheiro facilita as operações entre vendedor e consumidor, é do

---

[157] *Revista dos Tribunais*, volume 696, São Paulo: RT, p. 65.

interesse dos intermediários emissores desses cartões que um grande número de pessoas os utilizem, pois as receitas do emissor dependem, na sua parte mais substancial, das vendas feitas através dos cartões. Cada venda dá direito a uma comissão ao emissor; assim, quanto mais vendas, mais comissões, mais lucros para os emissores".

Não há como negar, portanto, a utilidade da complexa negociação para o mundo comercial moderno, pois traz conforto, segurança, rapidez e até mesmo torna mais baratas algumas aquisições, tendo em vista que, na maioria das vezes, o consumidor somente terá de saldar o seu débito total, relativo ao cartão, no final de 30 dias, o que pode ser mais vantajoso.

6.4.1. Do impositivo ingresso no sistema

Mais uma vez, por excesso de vontade de obter lucro, algumas empresas administradoras de cartão de crédito, visando a eliminar a concorrência, passaram a atuar de maneira agressiva e ilegal no oferecimento dos seus serviços, causando desarmonia no mercado de consumo.

De fato, uma boa idéia, na forma demonstrada, passa a ter freada a sua utilização, sofrendo a mácula da antipatia do mercado consumidor, por causa de técnicas de *marketing* que, a curto prazo, trazem um ganho em termos de vendas do serviço para a administradora, mas, a médio e longo tempo, resultarão em prejuízos evidentes.

Existem na atualidade empresas que remetem cartões de crédito diretamente para as residências de consumidores, com "ofertas" no sentido de que se o consumidor não desejar o serviço deverá ligar para um determinado número ou comparecer a uma agência do Banco ou Administradora.

Como resultado disto, muitos consumidores não fazem a ligação e recebem em casa, dias após, documentos de cobrança de anuidades, além de outros encargos, os quais podem se repetir por três, quatro e até seis vezes, compelindo o consumidor a pagar por algo que não desejou.

Fácil de imaginar a indignação que alguém haverá de sentir, primeiro, por receber uma série de papéis em casa, que não pediu. Segundo, porque nos documentos remetidos não existe uma proposta de negócio, mas uma imposição. Terceiro, porque o consumidor, em sua residência, é obrigado por uma pessoa jurídica a assumir um ônus indesejado de ter de ligar para um determinado telefone, o qual muitas vezes está ocupado, sem que nada tenha feito para perder tempo com este ato. Em quarto lugar, algumas vezes é obrigado a deslocar-se até a administradora do cartão para dizer que não deseja o serviço, gastando tempo e até numerário, pois precisará de locomoção até lá, pequenos valores e prejuízos estes que, somados, podem atingir cifras consideráveis que poderiam estar sendo direcionadas para áreas produtivas de maior relevo, com resultados na satisfação dos consumidores, que estariam pagando por aquilo que eventualmente necessitassem e, conseqüentemente, com reflexos óbvios na harmonia das relações de consumo. Em quinto lugar, o consumidor, sem que tivesse dado causa, recebe documentos de cobrança em casa e fica completamente desnorteado com tão insólito acontecimento.

Esta conduta de *marketing* é absolutamente ilegal, pois ofende o artigo 39, inciso III, do CDC, pelo que deve ser considerada como amostra grátis, nos termos do parágrafo único do mesmo artigo, posição tranqüila e que, *data maxima venia*, não pode admitir contestação, não só pela força da literalidade da lei, como também porque a conduta comercial abusiva ofende todos os princípios que informam a proteção da ordem econômica (art. 170 da CF).

No mesmo sentido é o comentário de Atílio Aníbal Alterini,[158] professor da Universidade de Buenos Aires, quando esclarece que:

---

[158] Os Contratos de Consumo e as Cláusulas Abusivas. *Revista Direito do Consumidor*, volume 15, São Paulo: RT, p. 15.

"(...) não se admite, porém, que o consumidor sofra a imposição de um contrato. Nas vendas pelo correio um dos problemas centrais se estabelecem quando obrigava a entrada do produto sem que tenha sido solicitado, com a conseqüente eficácia declarativa da vontade que o remetente atribui, de maneira unilateral, ao silêncio do destinatário. Para prevenir tais abusos, o decreto francês de 9 de fevereiro de 1961 incrimina penalmente quem, sem haver sido solicitado, remete um objeto qualquer indicando que pode ser adquirido por determinado preço ou devolvido, ainda que a restituição possa ser feita sem encargo. Por seu turno, as leis britânicas de 1971 e 1975, além de punir esta conduta do vendedor, em determinadas circunstâncias, permitem a quem o haja recebido considerar que se trata de um presente".

Seguindo na sua lição, o doutrinador supracitado acrescenta que:

"(...) a lei argentina proíbe no art. 35 que o fornecedor obrigue o consumidor a manifestar-se negativamente para que não se forme um encargo automático em qualquer sistema de débito pelo preço de um produto ou serviço que não havia sido requerido previamente, e estabelece deste modo que 'se com o orçamento se enviou uma coisa, o receptor não está obrigado a conservá-la, nem a restituí-la ao remetente, mesmo que a restituição possa ser realizada livre de gastos'".

Na forma dita, a médio e longo prazo, as demandas judiciais, os pedidos de indenização por dano moral, as ações coletivas, a publicidade negativa da prática, veiculada nos jornais e televisões serão tantas que o pequeno e indevido lucro inicial será irrisório, tendo em vista o cômputo de todos os possíveis prejuízos decorrentes da desarmonização das relações de consumo.

Por difícil que possa parecer, alguns empresários ainda não perceberam que o consumidor está mais esclarecido, e que os meios de comunicação de massa fizeram com que ele se organizasse, fazendo com que, na atualidade, possa ter melhores condições de aceitar ou de condenar determinadas práticas comerciais. São criados programas televisivos específicos para a informação e defesa dos consumidores, são criadas associações, o Ministério Público está mais organizado em tal matéria, tudo isto contribuindo para que técnicas que antes eram executadas de maneira sorrateira, hoje sejam imediatamente identificadas e impugnadas pela opinião pública.

Em seqüência a isto, o empresário tem de pagar custas e honorários advocatícios e algumas vezes recebe uma natural e bastante compreensível tendência dos Tribunais a não acolher suas pretensões, tendo em vista que a concretização do clamor público emerge sob as mais variadas formas na sociedade de massa, não podendo, então, o mau fornecedor reclamar contra condutas punitivas a que ele, única e exclusivamente, deu causa.

Fato semelhante aconteceu com os contratos de alguns ramos da atividade negocial, os quais eram oferecidos no mercado repletos de disposições ilegais. Nestes casos, com o passar do tempo e gradativamente, foram excluídas as cláusulas abusivas por imposição do Poder Judiciário, seja no caso concreto ou em abstrato, nada contribuindo tais práticas ilícitas, portanto, para o desenvolvimento do País.

É preciso que o administrador de empresa, que pretenda permanecer no mercado, entenda que a única maneira de ter subsidiados seus negócios é manter seu consumidor encantado e satisfeito com seus produtos e serviços, mas principalmente com a sua conduta comercial. O ser humano é motivado por interesses (necessidades) e emoções, nestas últimas residindo o desejo de voltar a adquirir do mesmo fornecedor determinado bem-da-vida. Assim como somos atraídos pelas belas embalagens nos supermercados, o contrato e a conduta comercial de uma empresa são o principal cartão de visitas, motivo pelo qual devem ter uma "embalagem" cativante, no primeiro caso, e uma representação eivada de boa-fé, em ambas as hipóteses.

Serve a abordagem do tema, então, para evidenciar um constante erro de procedimento que algumas empresas incorrem ao atentarem para determinadas idéias inéditas de *marketing*, as quais somente servem para enriquecer este tipo de atividade, com reflexos negativos para a empresa que se lançou em determinada aventura comercial e publicitária.

Outro reflexo decorrente de práticas comerciais abusivas é a criação e proliferação de maus consumidores que procuram se valer das mesmas armas, adquirindo os serviços de cartão de crédito com a pré-disposição de não pagar as faturas ou criando situações forjadas de furto do documento. Não estamos a dizer que os maus consumidores não surjam espontaneamente, mas não há como negar que muitos foram estimulados pela "regra do jogo" imposta por algumas más fornecedoras, trazendo imensos prejuízos para outras empresas idôneas, que nada contribuíram para que tivesse aumentado o seu nível de inadimplências.

Não se desconhece, igualmente, que a inadimplência muitas vezes possa decorrer de outros fatores, sendo relevante citar o comentário de José Reinaldo de Lima Lopes,[159] quando esclarece que:

"(...) tratando-se do crédito ao consumo, especialmente do tema do superendividamento dos consumidores, claro que estão em jogo tanto a política de consumo quanto o direito do consumidor. De política de consumo porque a insolvência dos consumidores é um fato social, com origens muitas vezes na *força maior social* – desemprego, período de turbulência econômica geral. Nestas circunstâncias, quem deve pagar a conta? O problema torna-se um de políticas públicas e de redistribuição. De direito do consumidor porque a saída da insolvência requer mecanismos aplicados também caso a caso. Mesmo que se deva por princípio abandonar a ideologia fácil e freqüente de que os pobres são os responsáveis por sua própria pobreza (Ian Ramsay)".

---

[159] Crédito ao Consumidor, e Superendividamento – uma Problemática Geral. *Revista Direito do Consumidor*, volume 17, São Paulo: RT, p. 63.

Todavia, igualmente não pode ser contestado que muitos consumidores procuram assumir dívidas e, sob a bandeira da "legítima defesa econômica", se é que isto possa existir, não pagar a conta, preferindo, posteriormente, discutir judicialmente a questão para, então, fazer um acordo, algumas vezes por percentuais inacreditáveis, comparativamente com a dívida total cobrada.

Isto, infelizmente, é uma verdade e pior, o Poder Judiciário é rotulado com a mácula da falta de agilidade e de presteza, o que é lamentável, quando os fundamentos de toda a desestruturação deste Poder estão na própria crise que a sociedade moderna atravessa.

Por isso o modesto alerta no sentido de que práticas comerciais como a ora abordada somente vêm contribuir para o não-desenvolvimento da Nação.

6.4.2. Da integração dos contratos

Este tema é útil para qualquer tipo de situação contratual na qual as disposições existentes devam ser excluídas, substituídas ou acrescidas de outras palavras ou expressões por intervenção judicial tendente a eliminar a abusividade das cláusulas estabelecidas.

Em decorrência da forte herança no sentido de que o contrato é lei entre as partes, não podendo o juiz intervir na sua regulação, alguns Magistrados concordam em declarar nulas determinadas disposições da forma como estão escritas, eliminando, assim, todos os termos estabelecidos em cláusula específica, quando, muitas vezes, com o acréscimo de uma palavra poderiam resolver completamente o problema.

Tais ocorrências, entretanto, poderiam ser melhor contornadas pela utilização de dispositivos expressos do CDC, autorizadores da técnica de integração do contrato pelo juiz.

O primeiro deles é o artigo 6º, inciso V, do CDC, no qual está escrito que é direito básico do consumidor "a modificação das cláusulas contratuais que estabeleçam prestações desproporcionais ou sua revisão em razão de fatos supervenientes (...)".

A palavra *modificação* significa "transformar, mudar, alterar", situações estas que representam ações no sentido de manter o objeto analisando, mas com algumas diferenças em relação ao que era originalmente.

Ou seja, quando é declarada nula uma cláusula, ela não é transformada, mudada ou alterada, mas excluída, deixando de pertencer ao universo jurídico, motivo pelo qual é imperiosa a atuação judicial no ato de integração contratual, a fim de evitar que disposições aproveitáveis sejam completamente aniquiladas.

No artigo 4º, inciso VI, do CDC também encontramos o princípio da "repressão eficiente de todos os abusos praticados no mercado de consumo (...)", estando no adjetivo "eficiente" a ordem legal ao aplicador dos dispositivos, segundo a qual é imprescindível que eventual repressão abusiva ocorra da maneira mais proveitosa possível, devendo ser evitadas atuações judiciais que imponham um trauma maior na relação contratual, quando uma simples alteração de palavra poderia preservar o contrato como um todo.

Em conjugação com o artigo 4º ainda poderiam ser citados o inciso II deste mesmo artigo e o artigo 6º, incisos VI, VII, VIII e X, do C.D.C.

Regra fundamental também é a do artigo 47 da Lei Protetiva, a qual indica que "as cláusulas contratuais serão interpretadas de maneira *mais favorável ao consumidor*". (grifo nosso).

Com efeito, diante de uma cláusula abusiva, poderá o Magistrado optar por declará-la integralmente nula ou procurar ajustá-la. Na primeira hipótese, sua atuação poderá não ser condizente com o comando acima declinado, porquanto a simples eliminação da disposição contratual não indica que tenha sido adotada a melhor solução para proteger o consumidor, indicando, isto sim, que não haverá qualquer interpretação judicial para o caso específico, pois não é possível interpretar o que foi excluído. Neste caso, então, aflora com toda a sua força a regra da integração do contrato, pela qual o intérprete realiza sua tarefa com eficiência e, valendo-se dos termos já escritos, procura ajustá-los, acrescentando e excluindo palavras, períodos, mas sempre preservando ao máximo o estabelecido originariamente pelos contratantes e fazendo com que sejam dirimidas as desarmonias entre eles.

Portanto, interpretar *lato sensu* um contrato de consumo significa buscar a alternativa mais útil e harmoniosa para os contratantes e, principalmente, para o consumidor, que é o sujeito vulnerável da relação de consumo.

Veja-se, por exemplo, a previsão contratual que estipule vários índices de correção monetária, todos eles ilegais. Optando o Juiz pela simples declaração de nulidade da cláusula, pouco efeito terá tal decisão para a defesa do consumidor, haja vista que nada terá sido acrescentado em substituição, resultando que o contrato ficará com uma perigosíssima lacuna. De fato, não existirá preceito escrito sobre correção monetária, ficando o consumidor submisso à eventual vontade do fornecedor.

A caricatura acima declinada bem demonstra a necessidade da integração judicial, a qual está claramente prevista no artigo 51, § 2°, do CDC, quando é dito que:

"A nulidade de uma cláusula contratual abusiva não invalida o contrato, exceto quando de sua ausência, *apesar dos esforços de integração*, decorrer ônus excessivo a qualquer das partes". (grifo nosso).

De mais a mais, a própria interpretação literal da palavra "integrar", segundo Aurélio Buarque de Holanda Ferreira,[160] indica ação tendente a "tornar inteiro", "completar", "incorporar-se", motivo pelo qual não pode haver dúvidas quanto à possibilidade de que sejam acrescidas palavras, termos e até mesmo períodos, objetivando a correta e ampla melhor interpretação do contrato para o consumidor, obviamente sem impor ônus excessivo ao fornecedor. Isto é típica função jurisdicional, pela qual o Estado, substituindo-se aos particu-

---

[160] Ob. cit., p. 955.

lares, conduz a relação contratual a uma posição de ordem e equilíbrio.

Em se tratando de contratos de massa, a liberdade contratual cede lugar ao dirigismo contratual do Estado, tendente a igualar os desiguais. Nesta função o Juiz deve declarar que constará esta ou aquela palavra, mas sempre com fulcro de correção ao *conteúdo*, eliminando as ilegalidades.

Sobre o assunto assim se manifesta Thomas Wilhelmsson,[161] dizendo que:

> "(...) deu-se o *status* de princípio geral ao enfoque conteudístico do direito contratual: a validade de todos os contratos é, sob certa medida, dependente de seus conteúdos".

Também abordando o tema, neste sentido é a lição de Adalberto Pasqualotto:[162]

> "Via de regra, a parte economicamente mais forte impõe à outra as condições da contratação, deixando-lhe apenas a alternativa entre 'pegar ou largar' (*take it or leave it*).
>
> Esse regime vigorou na economia liberal, competindo ao Estado apenas o papel de garantidor do livre desenvolvimento da iniciativa dos particulares, assistindo-lhes a atuação sem interferir. Contudo, a flagrante desigualdade das partes, estampada, v.g., nos contratos de adesão, levou o Estado a abandonar o seu papel passivo, passando a praticar um intervencionismo crescente, na busca de restaurar o equilíbrio perdido. A imposição da vontade do mais forte, de um lado e, do outro, a intervenção estatal, levou Josserand a cunhar a expressão 'dirigismo contratual', e Lacordaire a manifestar que, entre o forte e o fraco, é a liberdade que escraviza e a lei que liberta".

Na forma salientada, em contratos de adesão, nos quais se impõe o reconhecimento da flagrante vulnerabilidade do

---

[161] Regulação de Cláusulas Contratuais. *Revista Direito do Consumidor*, volume 18, São Paulo: RT, p. 19.

[162] *Revista Direito do Consumidor*, volume 6, ob. cit., p. 35.

consumidor, muitas disposições não carecem de exclusão, mas de ajuste quanto ao seu conteúdo, atividade esta que, obviamente pode ser exercida pelo Poder Judiciário, eis que sempre é obrigatória a prestação jurisdicional, desde que dela resulte a correção de ilegalidades e de nulidades, nos termos do que determina a Constituição Federal, no seu artigo 5°, inciso XXXV.

6.5. Contrato de incorporação imobiliária

A religião, a família e a propriedade são temas constantes na história da humanidade, pois todas estas instituições sempre foram e provavelmente serão fundamentais para a manutenção da vida, enfocados os aspectos materiais e imateriais que orientam a sobrevivência humana.

A propriedade nas sociedades antigas sempre despontou com flagrante importância, pois era da terra que o homem retirava o seu sustento, seja sob a forma do extrativismo, do pastoreio ou da agricultura, fazendo com que a maioria da população estivesse na área rural, ficando reservados os espaços urbanos para os artífices, comerciantes, funcionários públicos em geral, escravos, estrangeiros, sacerdotes e os governantes.

Com a formação da sociedade comercialista que surgiu ao redor dos feudos, não só começou a emergir uma nova classe dominante, como também deslocou-se completamente o centro nevrálgico e de importância da economia da sociedade medieval.

Com efeito, os aglomerados urbanos proliferaram em detrimento da vida do campo, haja vista que a melhor qualidade de vida passou a existir nas cidades, pelo menos aparentemente.

Após isso, com a revolução industrial, ainda maior foi o afluxo para os conglomerados urbanos, fazendo crescer a necessidade de um melhor aproveitamento do solo e, conseqüentemente, da propriedade.

Começam a surgir, então, as dificuldades de convívio e de divisão da terra urbana, resultando na imprescindível ocupação ordenada, inclusive no sentido vertical. Tudo isto veio desencadear o surgimento de uma nova indústria da construção civil, voltada para a "produção" de moradias coletivas, embrião do instituto da incorporação imobiliária.

O artigo 1314, *caput*, do Código Civil prevê a existência do condomínio clássico, o qual não contém os elementos modernos que participam da incorporação imobiliária atual.

Com efeito, a par da Lei Civilista, leis esparsas, tais como o Decreto n° 5.481, de 25 de junho de 1928, alterado pelo Decreto-Lei n° 5.243/43 e pela Lei n° 285/45, dispuseram sobre a possibilidade de alienação parcial da propriedade coletiva de dois ou mais pavimentos.

Todavia, comprovando a regra de que o fato social antecede, de um modo geral, à Lei, novas práticas começaram a ser executadas pelos precursores da moderna incorporação, sendo criados procedimentos pré-condominiais de captação de recursos, situações estas antes não previstas, dando ensejo à elaboração da Lei n° 4.591, de 16 de dezembro de 1964, chamada "Lei dos Condomínios e Incorporações", que veio a estimular a indústria da construção civil.

O termo *incorporação*, segundo comenta Francisco Arnaldo Schmidt:[163]

"(...) em sentido amplo, remontando a sua origem latina de *incorporare*, significa juntar corpos e também agrupar pessoas para a constituição de uma universalidade. Resulta de atos humanos cujo objetivo é a ligação de uma coisa, ou pessoa, a outra, para a criação de uma nova estrutura".

Daí emergem os principais elementos do conceito de incorporação, a qual consiste na "atividade exercida com o intuito de promover e realizar a construção, para alienação

---

[163] *Incorporação Imobiliária, Teoria e Prática*, Porto Alegre: Gráfica Metrópole, p. 16.

total ou parcial, de edificações ou conjunto de edificações compostas de unidades autônomas", nos termos do que dispõe o artigo 28, parágrafo único, da Lei de Condomínios e Incorporações.

Constata-se, também, que a incorporação contém uma importante fase pré-condominial, na qual os consumidores são captados para o empreendimento antes até de sua execução, para que contribuam economicamente para a viabilização do projetado.

Outro elemento digno de nota diz respeito, obviamente, à propriedade, a qual é considerada mista, pois o adquirente a compra em conjunto, relativamente às coisas de uso comum, adquirindo, também, a propriedade exclusiva da sua unidade habitacional integrante do todo incorporado.

Relativamente às possíveis pessoas envolvidas neste tipo de contrato, utilizando-se o mesmo critério de exposição declinado nas análises do contrato de cartão de crédito, verifica-se a participação do proprietário do terreno, do corretor, do construtor e do adquirente.

O proprietário do terreno pode ser também o corretor e o construtor, ou um ou outro, mas não necessariamente, posto que inúmeros prédios são incorporados a partir de situação em que é proposto ao proprietário que autorize a construção em troca de área construída.

Destas possibilidades surgem as primeiras questões controvertidas, tais como se o proprietário também seria responsável pelo inadimplemento contratual da obrigação de fazer e de dar aos consumidores o bem determinado.

Existiria na figura do proprietário o fundamental caráter de profissionalidade? Poderia o proprietário ser responsabilizado solidariamente com os demais, por atos somente praticados pelo corretor ou pelo construtor? Em sendo responsabilizado e não sendo um profissional, como resgataria os débitos eventualmente surgidos em decorrência de inadimplementos contratuais?

A Lei específica tem como um dos princípios deste tipo de contrato a existência do incorporador ostensivamente declarado, a fim de explicitar quem será o responsável pelo empreendimento.

Para tanto, e com vistas à exclusão de eventual responsabilidade, o proprietário do terreno necessita adotar algumas cautelas, a fim de que não seja considerado solidariamente responsável.

Antes disso, porém, é imprescindível fazer distinção entre o proprietário-profissional (aquele que desenvolve atividade de compra e venda de terrenos, visando ou não a incorporações) e o particular que simplesmente deseja alienar propriedade, não praticando atos dessa espécie com reiteração e habitualidade.

De fato, o particular não será responsável solidariamente com o incorporador ou corretor, exceto nas circunstâncias em que agir com flagrante culpa, decorrente de imprudência ou negligência, consistente no ato de permitir a incorporação sem o preenchimento dos requisitos legais.

Mais especificamente, é fundamental que o vendedor do terreno esclareça em contrato preliminar que seu intuito é unicamente de vender a propriedade, apontando com tal atitude que o incorporador e responsável é o adquirente da gleba, o corretor ou o construtor da obra. Tal documento deve ser levado a registro no cartório de imóveis correspondente, a fim de que tenha a indispensável publicidade.

Neste sentido é o comentário de Francisco Arnaldo Schmidt,[164] ao escrever que:

> "(...) o parágrafo único deste artigo 29, coerente com o espírito e a letra da lei de que nenhuma incorporação pode se realizar sem que exista pelo menos um incorporador responsável (art. 31, § 3º), traz um dispositivo cujas conseqüências são do maior alcance, podendo envolver inclusive o proprietário que não deseja ser mais do que mero alienante do terreno, nas responsabilidades civis, fiscais e criminais inerentes ao incorporador: é que esse parágrafo único estabeleceu a presunção de vinculação

---

[164] Ob. cit., p. 28.

entre as frações ideais do terreno vendidas ou prometidas vender, se, na data da celebração dos contratos de alienação das frações ideais do terreno com os interessados nas unidades autônomas futuras, já tiver sido aprovado ou pender de aprovação da Prefeitura Municipal, o projeto arquitetônico da construção. Ocorrendo essa hipótese – e não havendo incorporador ostensivamente declarado, como no caso de não estar ainda registrada a incorporação por falta do projeto aprovado – diz a LCI que responderá o alienante do terreno como incorporador".

Seguindo no seu ensinamento:

"(...) para resguardar-se contra esse risco, devem os proprietários de terrenos, que apenas desejam negociá-los com terceiros que promovam a incorporação tomar o cuidado de plasmar essas circunstâncias em contrato preliminar bem esclarecedor e exigir que seja registrado no Ofício de Imóveis competente, antes que o incorporador ou o construtor encaminhem à aprovação o projeto arquitetônico do empreendimento".

Orientando-se da mesma forma, Arnaldo Rizzardo[165] comenta que:

"(...) o ato de registro é de suma importância para definir a responsabilidade do próprio titular do terreno frente aos adquirentes das unidades, se a incorporação for promovida por construtor ou corretor. Caindo este em insolvência e se desistir do empreendimento, as importâncias que recebeu poderão ser executadas, se não as devolver espontaneamente. O titular do domínio, que permitiu a incorporação sem o preenchimento dos requisitos legais, agiu imprudentemente, daí imputando-se-lhe solidariedade nas obrigações contraídas pela pessoa a quem deu sua autorização para as obras".

Nesta circunstância, então, o proprietário do terreno seria responsabilizado com base no Código Civil, valendo para

---

[165] *Contratos*, volume III. Rio de Janeiro: Aide, 1988, p. 1264 e 1265.

a apuração do seu envolvimento as regras atinentes à culpa, eis que inexistente entre ele o os adquirentes de frações ideais relação de consumo.

Em se tratando de proprietário de terreno que exerça tal ato com caráter de habitualidade e profissionalidade, todavia, o entendimento será diverso, pois a própria manutenção da atividade depende diretamente dos investimentos que os adquirentes dos imóveis ideais individualizados vierem a realizar, integrando tal ocorrência o cotidiano ou ao menos o ordinário de exercício das negociações levadas a efeito por este tipo de comerciante, seja pessoa física ou jurídica.

Configurada, assim, relação de consumo, aplicável será o Código de Defesa do Consumidor, inclusive a responsabilidade objetiva, pelo que, nesta hipótese, sequer poderá valer eventual isenção de responsabilidade inscrita em pré-contrato, haja vista a expressa proibição contida no artigo 51, inciso I, do CDC, quando é dito que são nulas de pleno direito as cláusulas que "impossibilitem, exonerem ou atenuem a responsabilidade do fornecedor por vícios de qualquer natureza dos produtos e serviços (...)".

Por vários motivos é salutar o enfoque ora declinado. O primeiro deles decorrendo do fato de que a lei é clara no sentido, não admitindo interpretação diversa, na medida em que sua literalidade se encontra em sintonia com os demais preceitos e princípios do sistema.

Como segundo aspecto, a imposição legal deste dever de cuidado aos vendedores profissionais de terrenos fará com que eles reduzam o nível de eventual ganância que possa atuar em alguma negociação, com o ingresso do elemento prudência e segurança neste mesmo ato, os quais serão fundamentais para a proliferação de empreendimentos idôneos e que cheguem ao seu final sem percalços.

Como terceiro argumento, o consumidor estará amparado pela maior possibilidade de ser ressarcido, relevada a sua condição de absoluta vulnerabilidade neste tipo de contrato, tendo em vista a complexidade da matéria jurídica e fática que envolve tais negociações.

Nunca é demais lembrar, que, nos termos do artigo 7º do CDC, os direitos previstos neste Código não excluem outros decorrentes "(...) da legislação interna ordinária (...)", mas que estas leis não serão aplicadas quando se contrapuserem às determinações da Lei Específica para Relações de Consumo, que é o Código do Consumidor.

A controvérsia gerada pelo problema colocado autorizou a sua abordagem, seguindo este trabalho a consideração de aspectos específicos existentes nos contratos de incorporação imobiliária, que muito têm afligido os consumidores.

6.5.1. Da natureza adesiva dos contratos de incorporação

Os contratos de incorporação imobiliária são, por excelência, de adesão, pois têm suas cláusulas predispostas, com vistas a atender às exigências legais e, até mesmo, à própria natureza do negócio, já que, de um modo geral, o considerável número de consumidores obriga à standardização do "pacto".

Em decorrência da Lei, porque o artigo 67 da LCI obriga o incorporador a registrar o contrato-padrão, que valerá para as contratações relativas ao empreendimento, contrato este que, nos termos do § 3º do mesmo artigo, deverá ser entregue em cópia ao adquirente, ficando respeitado, desta forma, o direito de ampla informação dos consumidores.

Sob o segundo enfoque, o grande número de prováveis adquirentes impõe uma conduta comercial uniforme ao incorporador, objetivando racionalizar os negócios e torná-los mais baratos.

Expressamente escrevendo sobre a natureza de adesão dos contratos de incorporação imobiliária, assim é o comentário de Tupinambá Miguel Castro do Nascimento:[166]

"O artigo 67 da Lei nº 4.591/64 fala do contrato-padrão, que o Cartório de Registro de Imóveis recebe dos incorporadores. O que se tem como contrato-padrão? É o

---

[166] *Comercialização de Imóveis e o Código de Defesa do Consumidor*, ob. cit., p. 76.

modelo de um contrato contendo cláusulas comuns que vigorarão para todos os contratos do incorporador com os adquirentes. A técnica contratual da incorporação faz com que, embora no contrato firmado com cada adquirente isoladamente não se transcrevam as cláusulas comuns, estas fazem parte do ajuste contratual como se nele estivessem escritas. Em outros termos, o contrato individualizado não transcreve as ditas cláusulas comuns, mas elas vigoram para todo o contrato formalizado.

(...) O contrato com cláusulas específicas, que complementam o contrato-padrão, também se submete à disciplina do CDC, porque se trata de relação jurídica de consumo. Genericamente, se lhe aplicam as regras de proteção contratual, do Capítulo VI do CDC, a começar pela regra básica de que o consumidor só se obriga pelo contrato em que houver oportunidade de previamente conhecer de seu conteúdo e se não houver dificuldade de compreender seu sentido e alcance (art. 46). Há, ainda, as cláusulas abusivas nulas de pleno direito, elencadas exemplificadamente no artigo 51. Qualquer desconformidade de cláusulas do contrato, que se afigure como abusiva, importa na perda de sua eficácia".

Em decorrência destas características, igualmente, a ofensa ou lesão a um consumidor identificado poderá atingir a todos os demais acima referidos, haja vista que esta ofensa a alguém determinado e aos indivíduos ainda não determinados decorre da mesma circunstância fática, que é a *existência de cláusulas abusivas nos contratos de adesão.*

A questão que se apresenta, então, é como evitar que existam cláusulas nulas nos contratos-padrão, bem como se o poder público tem competência, ou seja, capacidade para exercer tal controle eficientemente.

De fato, se o contrato deve ser registrado antes de as vendas começarem, com antecedência terá o Estado possibilidade de conhecer as disposições do "pacto", sabendo, assim, se elas estão em consonância com a Lei.

Emerge desta disposição legal, portanto, a mais relevante função que a Lei do Consumidor procurou concretizar, que é a *prevenção*, insculpida no artigo 6°, VI, do CDC e em muitos outros preceitos, por intermédio da qual os agentes públicos estão *obrigados* a realizar determinadas ações tendentes a evitar que produtos ou serviços perniciosos ao mercado de consumo venham a ser oferecidos aos consumidores em geral, causando danos e, em seqüência, desarmonia.

De fato, na norma-objetivo do artigo 4° do CDC está previsto que alguns dos princípios da Política Nacional das Relações de Consumo são a "ação governamental no sentido de proteger efetivamente o consumidor"(inciso II), "por iniciativa direta"(inciso II, alínea "a"), "pela presença do Estado no mercado de consumo"(inciso II, alínea "c"), devendo ser coibido eficientemente qualquer abuso praticado no mercado de consumo (inciso VI) tudo culminando na "racionalização e melhoria dos serviços públicos" (inciso VII).

Assim, acolhe-se com tranqüilidade a posição de alguns juristas que pregam dever ser executado o controle prévio e abstrato deste tipo de contrato diretamente pelos oficiais do registro de imóveis, com a supervisão das Corregedorias de Justiça dos Estados, pois poderão evitar o registro de documentos eivados de nulidades, coibindo, na base, práticas atentatórias aos direitos dos consumidores, causadoras de desarmonia nas relações de consumo.

Discorrendo sobre o tema, em magnífico trabalho doutrinário, assim escrevem Kioitsi Chicuta, Ary José de Lima e Sérgio Jacomino:[167]

"O controle pela via administrativa pode se dar pelo Ministério Público ou pela adoção de medidas no âmbito da própria Administração Pública, através de atos administrativos tendentes a estabelecer padrões com o fito de vedar o acesso de cláusulas consideradas abusivas e nulas *pleno jure* no jogo das relações contratuais

---

[167] Alguns Aspectos da Qualificação Registrária no Registro de Parcelamento do Solo Urbano e o Código de Defesa do Consumidor. *Revista Direito do Consumidor*, volume 19, São Paulo: RT, p. 172.

de consumo. Exemplo encontramos no setor de seguros, que deve obedecer às regras e normas impostas pela Superintendência de Seguros Privados – SUSEP, ou no de consórcios de automóveis, em relação às normas fixadas pelo Ministério da Economia. Mas, especialmente no caso dos registros imobiliários paulistas, é através do controle exercido pela atividade coordenativa-correcional, tipicamente administrativa, exercida pela E. Corregedoria Geral da Justiça, assim definido na legislação paulista (Resolução do Tribunal de Justiça), e ainda nos termos da recente Lei 8.935/94 (cf. arts. 35, inc. II, 36, inc. I, 37, 38, 39, § 2º, 46, parágrafo único), que há expressa determinação de verificação dessas cláusulas, além de deliberações normativas que disciplinam e regulamentam a correta aplicação das leis (...)

Muito embora um certo e difuso controle das cláusulas gerais de contratos insertas nos contratos-padrão se faça pelos cartórios, em atenção às referidas Normas de Serviço da E. Corregedoria Geral da Justiça – controle esse, aliás, bastante enfatizado nas sucessivas correições gerais – o fato é que nunca se definiu, com a clareza e precisão necessárias, os fundamentos – e especialmente os limites – de tal aferição pelo registrador".

O Ministério Público gaúcho já intentou ação civil pública visando ao controle prévio e abstrato de contrato de incorporação imobiliária integrado por grande número de cláusulas abusivas, processo este que servirá de paradigma, na medida em que estabelecerá critérios, definidos judicialmente, os quais poderão ser utilizados para disciplinar o registro das incorporações imobiliárias, caso a Corregedoria-Geral da Justiça do Estado entenda por adotá-los para cumprir a sua função de impedir o registro de contratos portadores de cláusulas contratuais ilegais.

O procedimento para a concretização de tais serviços é simples, bastando que o registrador cumpra eventual provimento da Corregedoria-Geral da Justiça ou, na sua falta, que suscite dúvida ao Juízo competente, na forma do disposto na Lei dos Registros Públicos (arts. 198 e seguintes da Lei nº 6.015/73).

Esta idéia resultará em um trabalho de abrangência e de repercussão evidente na proteção do interesse público e da relevância social, decorrentes da atividade imobiliária.

6.5.2. Da cláusula de irrevogabilidade e irretratabilidade e o artigo 51, inciso II, do CDC

Proliferam nos contratos imobiliários cláusula estabelecendo que o contrato é irrevogável e irretratável, a qual ofende frontalmente o artigo 51, inciso II, do CDC.

Com efeito, a disposição relativa à irrevogabilidade e à irretratabilidade decorre do conhecido e controvertido princípio da força obrigatória dos contratos.

Orlando Gomes[168] escreve que:

"(...) o princípio da força obrigatória consubstancia-se na regra de que o contrato é lei entre as partes. Celebrado que seja, com observância de todos pressupostos e requisitos necessários à sua validade, deve ser executado pelas partes como se suas cláusulas fossem preceitos legais imperativos. O contrato obriga os contratantes, sejam quais forem as circunstâncias em que tenha de ser cumprido. Estipulado validamente seu conteúdo, vale dizer, definidos os direitos e obrigações de cada parte, as respectivas cláusulas têm, para os contratantes, força obrigatória. Diz-se que é intangível, para significar-se a *irretratabilidade* do acordo de vontades. Nenhuma consideração de eqüidade justificaria a revogação unilateral do contrato ou a alteração de suas cláusulas, que somente se permitem mediante novo concurso de vontades. O contrato importa restrição voluntária da liberdade; cria vínculo do qual nenhuma das partes pode desligar-se sob o fundamento de que a execução a arruinará ou de que não o teria estabelecido se houvesse previsto a alteração radical das circunstâncias".

---

[168] *Contratos*, ob. cit., p. 38.

Com o advento do Código de Defesa do Consumidor, é sabido que tal dogma foi relativizado, na medida em que a concretização de novos princípios, tais como o da vulnerabilidade, da boa-fé, da harmonia e outros, obrigou a comunidade jurídica à adoção de uma postura hermenêutica compatível com a nova realidade dos contratos de massa.

Muitos doutrinadores referem o assunto, pelo que seria dispensável citar tão grande número de posições, que se tornaram predominantes, motivo pelo qual se menciona os ensinamentos de Cláudia Lima Marques,[169] os quais praticamente esgotam a matéria:

> "Na visão tradicional, a força obrigatória do contrato teria seu fundamento na vontade das partes. Uma vez manifestada esta vontade, as partes ficariam ligadas por um vínculo, donde nasceriam obrigações e direitos para cada um dos participantes, força obrigatória esta, reconhecida pelo direito e tutelada judicialmente.
>
> A nova concepção de contrato destaca, ao contrário, o papel da lei. É a lei que reserva um espaço para a autonomia da vontade, para a auto-regulamentação dos interesses privados. Logo, é ela que vai legitimar o vínculo contratual e protegê-lo. A vontade continua essencial à formação dos negócios jurídicos, mas sua importância e força diminuíram, levando à relativização da noção de força obrigatória e intangibilidade do conteúdo do contrato.
>
> Assim, o princípio clássico de que o contrato não pode ser modificado ou suprimido senão através de uma nova manifestação volitiva das mesmas partes contratantes sofrerá limitações (veja neste sentido os incisos IV e V do art. 6º do CDC). Aos juízes é agora permitido um controle do conteúdo do contrato, como no próprio Código Brasileiro de Defesa do Consumidor, devendo ser suprimidas as cláusulas abusivas e substituídas pela norma legal supletiva (art. 51 do CDC). É o intervencionismo estatal, que ao editar leis específicas pode, por

---

[169] *Contratos no CDC*, ob. cit., p. 93.

exemplo, inserir no quadro das relações contratuais novas obrigações com base no Princípio da Boa-Fé (dever de informar, obrigação de substituir peça, renovação automática da locação etc.), mesmo que as partes não as queiram, não as tenham previsto ou tenham expressamente excluído no instrumento contratual. Relembre-se aqui também o enfraquecimento da força vinculativa dos contratos através da possível aceitação da teoria da imprevisão (veja neste sentido o interessante e unilateral inciso V do art. 6° do CDC).

Assim também a vontade das partes não é mais a única fonte de interpretação que possuem os juízes para interpretar o instrumento contratual. A evolução doutrinária do direito dos contratos já pleiteava uma interpretação teleológica do contrato, um respeito maior pelos interesses sociais envolvidos, pelas expectativas legítimas das partes, especialmente das partes que só tiveram a liberdade de aderir ou não aos termos pré-elaborados".

Colocadas, em síntese, as duas posições doutrinárias sobre a controvertida matéria, podemos dizer com relativa segurança que não há como um contrato ser irrevogável e irretratável para o consumidor, principalmente porque a lei expressamente diz que serão nulas de pleno direito quaisquer cláusulas que "subtraiam ao consumidor a opção de reembolso da quantia já paga, nos casos previstos neste Código".

Ou seja, como seriam reembolsadas as quantias já pagas pelo consumidor se o contrato é dito como irrevogável e irretratável?

E a própria teoria da imprevisão, expressamente reconhecida no artigo 6°, inciso V, do CDC. Como ficaria?

E na jurisprudência? Aceitariam os Magistrados tais regras contratuais impositivas, contrárias ao interesse público e atentatórias ao princípio da harmonia das relações de consumo?

Em sendo a Lei Consumerista de ordem pública e de interesse social, não prevaleceria mesmo em detrimento de "livre manifestação contratual"?

Por todos estes aspectos, defende-se a tese de que o artigo 51, inciso II, tornou abusiva qualquer cláusula tendente a manter o vínculo contratual, quando o consumidor assim não o deseja, obviamente que respeitados os direitos do fornecedor de retenção de valores, para a indenização de eventuais prejuízos que venha a sofrer pelo rompimento do contrato.[170]

Veja-se que o direito de não continuar com o vínculo qualquer insegurança trará para as relações jurídicas, haja vista que estamos tratando de contratos de massa, nos quais a substituição dos consumidores acontece com a mesma rapidez com que eles são originalmente captados. Assim, após a desistência do contrato, com facilidade ingressará novo adquirente, pois isto é natural a este tipo de pacto.

Não fosse por esta norma expressa, em uma economia como a vigente no Brasil, a "força maior social", já comentada, faz surgir situações imprevistas ao consumidor, o qual pode ser obrigado a desistir de determinado "pacto". Nestas circunstâncias, de que adiantará dizer que o contrato é irrevogável e irretratável se a inadimplência e a falta de bens obrigará à sua extinção?

Por isso têm acontecido situações insólitas, onde ainda vigoram cláusulas como a comentada, impedindo a desistência, disposições estas que são absolutamente inócuas, na medida em que bastará ao consumidor se tornar inadimplente para desvincular-se do contrato.

Alguns argumentam que existiriam diferenças nestas hipóteses, pois na desistência não seriam cobradas penas convencionais e na outra situação sim, o que pode ser válido caso existam disposições expressas neste sentido, posto que não se conhece dispositivo legal que, em sua literalidade, vede a imposição de cláusula penal por resilição (distrato = resilição bilateral).

Apenas deve ser feita uma ressalva, no sentido de que a resilição somente será autorizada ao consumidor, e não ao

---

[170] Nesse sentido: BONATTO, Cláudio. Ob. cit., p. 54/56.

fornecedor, pois as regras e princípios trazidos à baila somente àquele são aplicáveis, tendo em vista seu caráter protetivo e especial.

Não poderá o agente econômico, então, procurar valer-se do mesmo entendimento, pois sua possibilidade de previsão, de planejamento e de potencial mercadológico é incomparável com o do consumidor, pelo que não se justificaria proteção legal nesta hipótese.

Deve ser destacado, ainda, que algumas parcelas não serão devolvidas ao consumidor quando resilir o contrato, pois a lei não poderia obrigar o fornecedor a assumir um prejuízo indevido, motivo pelo qual percentual relativo à comissão de corretagem, por exemplo, deverá ser mantido pelo agente econômico. De fato, este valor, em caso de venda de imóveis, é prestado no ato da aquisição ao intermediário, pelo que sequer teria ingressado no patrimônio da empresa, motivo pelo qual a sua devolução acarretaria empobrecimento indevido. Como conseqüência, constituindo-se em custo impingido ao fornecedor, será imediatamente repassado para os demais consumidores que permaneceram no sistema de incorporação, o que não é justo.

Neste sentido tem se manifestado o Superior Tribunal de Justiça, *verbis*:

"Recurso Especial n° 476.481/MG (2002/0145610-7)

Civil e Processual. Acórdão estadual. Nulidade não configurada. Contrato de construção imobiliária. Inadimplência da promitente vendedora. Atraso na obra. Rescisão decretada. Restituição integral do valor das parcelas pagas. Embargos declaratórios apenados com multa. Propósito de prequestionamento. Exclusão. Súmula n. 98-STJ.

I. Não padece de nulidade o acórdão estadual que enfrenta, suficientemente, as questões essenciais ao deslinde da controvérsia, apenas que trazendo conclusões desfavoráveis à parte-ré.

II. Firmado pelo Tribunal *a quo* que houve inadimplência da construtora na entrega da obra, que sequer se iniciara quando do ajuizamento da ação, é devida ao adquirente a restituição integral dos valores pagos, sem qualquer retenção.

III. A pretensão de simples reexame de prova não enseja recurso especial (Súmula n. 7-STJ)

IV. Embargos de declaração manifestados com notório propósito de prequestionamento não tem caráter protelatório (Súmula n. 98-STJ).

V. Recurso especial conhecido em parte e provido, para afastar a multa aplicada aos embargos declaratórios.

Brasília, 26 de fevereiro de 2008.(Data do Julgamento)

Ministro Aldir Passarinho Junior, Relator".

"Recurso Especial n° 247.615 /RJ (2000/0010909-6)

Recurso especial. Processual civil. Prequestionamento. Divergência jurisprudencial. Demonstração. Compromisso de compra e venda de imóvel. Custos e despesas operacionais. Aluguel. Indenização. Retenção das prestações pagas. Percentual.

Não se conhece o recurso especial quanto a questões carentes de prequestionamento.

A ausência da confrontação analítica dos julgados impede o conhecimento do recuso especial pela letra 'c' do permissivo constitucional.

Hipótese em que, rescindida a promessa de compra e venda de imóvel, deve-se limitar a 50% a retenção pelo promitente vendedor das prestações pagas, a título de indenização pelos custos e despesas operacionais, e de aluguel, restituindo-se o saldo restante.

Brasília, 16 de dezembro de 2003 (Data do Julgamento)

Ministra Nancy Andrighi, Relatora para Acórdão".

Por isso é sempre importante o alerta de que não podemos utilizar a Lei Protetiva para beneficiar um consumidor individualmente considerado, em detrimento dos demais que perduram em eventual sistema de aquisição em conjunto ou consórcio. Aliás, o preceito do artigo 53, § 2°, do CDC objetiva coibir este tipo de ocorrência.

7

Conclusão

O presente estudo teve origem na demanda de vários alunos desejosos de ver escritas algumas posições declinadas em aulas e palestras, motivo pelo qual tem o objetivo singelo de comentar a respeito de experiências vividas tanto na cátedra como na Coordenadoria das Promotorias de Defesa Comunitária do Estado do Rio Grande do Sul.

Tem suas bases, portanto, no caso concreto e no estudo científico voltado para a efetiva resolução dos conflitos de interesses que se avolumam no mundo moderno.

Em assim sendo, buscou-se trazer a lume conceitos e técnicas acima de tudo úteis e eficazes para a proteção aos consumidores, os quais, obviamente, não têm pretensões de se eternizarem, haja vista a dinamicidade do Direito do Consumidor e sua constante evolução.

Temos a pretensão, isto sim, de estimular o debate e a discussão em torno de temas emergentes, procurando com isso aprimorar este trabalho e contribuir para o movimento consumerista que invadiu todos os recantos do planeta no século XX.

Como todo estudo científico honesto, estará a obra sujeita às mais variadas críticas construtivas, as quais se espera venham a auxiliar a sociedade moderna brasileira, principalmente em uma época de transformações profundas como as que o nosso País vem sofrendo.

Acima de tudo, desejou-se demonstrar a fundamental importância dos princípios para o convívio social, pois eles são os pilares de qualquer estrutura que pretenda perdurar.

Com efeito, assim como em qualquer relacionamento normal da vida cotidiana, a utilização de princípios para a obtenção do melhor resultado para dirimir os conflitos é tarefa que se impõe, pois o legislador jamais terá como prever todas as situações de vida passíveis de ocorrência, motivo pelo qual, nas lacunas da lei, surgem os princípios para colmatá-las, integrando o espaço vazio.

Hans Kelsen[171] já explicava este fenômeno chamado de "indeterminação do ato de aplicação do Direito", com um exemplo dizendo que:

> "(...) se o órgão A emite um comando para que o órgão B prenda o súdito C, o órgão B tem de decidir, segundo o seu próprio critério, quando, onde e como realizará a ordem de prisão, decisões essas que dependem de circunstâncias externas que o órgão emissor do comando não previu e, em grande parte, nem sequer podia prever".

Muito antes dele, Aristóteles[172] igualmente comentava sobre esta realidade, esclarecendo que "(...) é impossível haver uma lei abrangendo casos ainda sujeitos a deliberações, e não se nega que cabe ao homem julgar tais casos (...)", querendo com isso demonstrar que os vácuos legislativos devem ser preenchidos pelos fundamentos maiores de determinada ordem jurídica, política e social, que são seus princípios informadores.

Não somente para a completude das lacunas, servem, também, os princípios para resolver os problemas de excesso de disposições legais dispondo sobre a mesma questão de maneira antagônica. Nestas ocasiões, em que se configuram as antinomias, que poderíamos chamar de positivas, já que as lacunas seriam as antinomias negativas, é necessário que incida o princípio procedimental por excelência, que é o princípio da hierarquização axiológica comentado no início deste trabalho, o qual escalonará sob o critério da maior valoração

---

[171] *Teoria Pura do Direito*. Trad. João Batista Machado, São Paulo: Martins Fontes, 1995, p. 388.

[172] *Política*, ob. cit., p. 116.

os preceitos, regras e princípios, de modo à obtenção do valor superior a proteger em determinado caso concreto.

Nunca é demais lembrar a conceituação deste princípio formal orientador de todos os demais na aplicação tópica do Direito, exposta por Juarez Freitas,[173] quando ensina que:

"(...) é o metacritério que ordena, diante inclusive de antinomias no plano dos critérios, a prevalência do princípio axiologicamente superior, ou da norma axiologicamente superior em relação às demais, visando-se a uma exegese que impeça a autocontradição do sistema conforme a Constituição e que resguarde a unidade sintética dos seus múltiplos comandos".

Por todos estes aspectos, insistimos na citação ao artigo 4º do CDC, pois é a norma teleológica básica para o intérprete da Lei Protetiva, contendo todos os comandos valorativos que alicerçam a aplicação de qualquer outra regra que o sistema consumerista contenha, seja de conduta ou de organização.

Insistimos, igualmente, na abordagem ao princípio da harmonia das relações de consumo, pois entendemos que ele traduz com precisão os valores fundamentais e milenares da igualdade material e da liberdade. Igualdade no sentido de que, dando a cada um o que lhe é devido, na exata proporção do que foi concedido a outro indivíduo nas mesmas condições de mérito, estaremos criando um sentimento social, no mínimo, de conformidade, o qual evitará a cobiça individual por outros bens-da-vida não merecidos, fruto da desorganização, da revolta e da desarmonia. Liberdade efetiva, pois somente é livre aquele que não está inconformadamente subjugado, o que ocorre, por exemplo, nas situações em que o consumidor, em estado de necessidade, precisa realizar determinada conduta, mas sabe que o seu fornecedor não está agindo com justiça. Liberdade existirá, então, quando o consumidor concretizar o ato de consumo e desta conduta resultar satisfação, e não rancor relativamente ao seu fornecedor.

---

[173] *Interpretação Sistemática do Direito*, ob. cit., p. 81.

É importante, portanto, ressaltar o princípio da harmonia, pois, juntamente com a configuração de ordem e de equilíbrio, representará a realidade sintética e substancial, a tão falada conceituação de Justiça.

Aliás, releva comentar que a Justiça da qual se fala é a Justiça Social, Coletiva, pois a Justiça individual de cada integrante do organismo social jamais será obtida, precisamente porque ela está fundamentada em princípios íntimos, únicos e circunscritos a uma determinada personalidade, enquanto a Justiça do organismo social baseia-se nos princípios informadores do sistema jurídico aplicável a todos, os quais têm morada na Constituição vigente.

Por isso as grandes críticas ao Poder Judiciário que, por óbvio, não são um fenômeno do século XX, mas uma constante na história da humanidade, exatamente porque, de um modo geral, não são feitas as distinções necessárias, e o homem, no seu infeliz e supremo egoísmo sempre pretendeu regular seus problemas particulares de maneira diversa da qual pretendia regular a mesma situação quando ela ocorresse com o seu semelhante.

Aliás, parece que esta foi uma das origens do Estado como instituição. Ou seja, nos primórdios existiam sociedades relativamente organizadas, com regras consuetudinárias aplicáveis a todos, mas, quando os próprios executores destas regras ou seus familiares infringiam-nas, elas não mais eram aplicadas, surgindo regras particulares para casos específicos e gerando, desta forma, o sentimento de injustiça e de desarmonia nos demais integrantes do corpo social. Desta infeliz realidade teria surgido o Estado, organizado no início de maneira precária, mas que tem se demonstrado como a melhor solução para a garantia de uma relativa ordem e segurança.

Apontamos, também, várias situações fáticas em que, na sua origem, maus fornecedores valiam-se de mecanismos que maculam a confiança e o crédito que o consumidor precisa ter para adquirir com tranqüilidade bens-da-vida no mercado de consumo.

Reiteramos críticas neste sentido para demonstrar que o princípio da boa-fé objetiva é fundamental para fazer com que as riquezas circulem mais rapidamente, gerando um desenvolvimento ordeiro. Com isso pretendemos demonstrar que a ganância e a conduta comercial afoita somente vêm em prejuízo do fornecedor, pois a mentira no mercado de consumo, como se diz na fala popular, "tem pernas curtíssimas", aflorando mais cedo ou mais tarde e trazendo a justiça ao caso específico, que muitas vezes aflora sob a forma de falência e extinção de determinado agente econômico.

O crédito e a confiança, como é fácil de ver até mesmo no convívio social íntimo, oportunizam uma melhor troca de informações úteis à vida dos interlocutores, facilitando o progresso individual e, como decorrência lógica, da sociedade como um todo.

Todavia, tais linhas mestras somente serão introjetadas no procedimento comercial e na conduta humana que o dirige, por intermédio de uma adequada educação, que muitas vezes demora décadas e até séculos de experiência, mas é a única solução. Os antigos filósofos, um deles e especificamente Platão[174] fartamente abordou o assunto, ensinando que a educação à base do bem e do justo é o fundamento maior para a formação de bons cidadãos, os quais devem ser como os guardiães (classe ideal de pessoas que governariam a República com base na virtude), amando o conhecido e odiando o desconhecido, uma das regras da natureza. Conhecendo desde tenra idade e praticando no decorrer da vida o bem e o justo, amaremos os dois. Desconhecendo desde os primeiros passos e durante a vida o injusto, o odiaremos.

---

[174] *A República, resumo do livro II.* 7ª ed. Lisboa: Fundação Calouste Gulbenkian, p. 53 a 100.

Bibliografia

AGUIAR JÚNIOR, Ruy Rosado de. "A Boa-Fé na Relação de Consumo". *Revista Direito do Consumidor*, volume 14. São Paulo: Revista dos Tribunais, 1994.

ALBERTON, Genacéia da Silva. "A Desconsideração da Pessoa Jurídica no Código do Consumidor – Aspectos Processuais". *Revista Direito do Consumidor*, volume 7. São Paulo: Revista dos Tribunais, 1993.

ALTERINI, Atílio Aníbal. "Os Contratos de Consumo e as Cláusulas Abusivas". *Revista Direito do Consumidor*, volume 15. São Paulo: Revista dos Tribunais, 1995.

ALVIM, Arruda. *Código do Consumidor Comentado*, 2. ed. São Paulo: Revista dos Tribunais, 1995.

AMARAL, Luiz. "O Código, A Política e O Sistema Nacional de Defesa do Consumidor". *Revista Direito do Consumidor*, volume 6. São Paulo: Revista dos Tribunais, 1993.

AMARAL JÚNIOR, Alberto do. "A Boa-Fé e o Controle das Cláusulas Contratuais Abusivas nas Relações de Consumo". *Revista Direito do Consumidor*, volume 6. São Paulo: Revista dos Tribunais, 1993.

ARISTÓTELES. *Política*. Traduzido por Mário da Gama Cury, Brasília: Editora Universidade de Brasília, 1985.

ÁVILA, Humberto. *Teoria dos Princípios, da definição à aplicação dos princípios jurídicos*, 2. ed., São Paulo: Malheiros Editores, 2003.

AZEVEDO, Fernando Costa de. *Defesa do Consumidor e Regulação*. Porto Alegre: Livraria do Advogado, 2002.

BASTOS, Celso Ribeiro. *Curso de Direito Financeiro e de Direito Tributário*. São Paulo: Saraiva, 1991.

BENJAMIN, Antônio Herman de Vasconcelos e. *Código Brasileiro de Defesa do Consumidor*, 3. ed. Rio de Janeiro: Forense Universitária.

——. *Comentários ao Código de Proteção do Consumidor*, 1ª Edição. São Paulo: Editora Saraiva, 1991.

BONATTO, Cláudio. *Código de Defesa do Consumidor – Cláusulas Abusivas nas Relações Contratuais de Consumo*, 2. ed. Porto Alegre: Livraria do Advogado, 2004.

BONAVIDES, Paulo. *Curso de Direito Constitucional*. 4. ed. São Paulo: Malheiros Editores.

BOURGOIGNIE, Thierry. "O Conceito Jurídico de Consumidor". *Revista Direito do Consumidor*, volume 2. São Paulo: Revista dos Tribunais, 1992.

BRANCO, Gerson Luiz Carlos, *Diretrizes Teóricas do Código Civil Brasileiro*, São Paulo: Saraiva, 2002.

CANARIS, Claus Wilhelm. *Pensamento Sistemático e Conceito de Sistema na Ciência do Direito*. Traduzido por A. Menezes Cordeiro. Lisboa: Fundação Calouste Gulbenkian, 1989.

CHICUTA, Kioitsi. "Alguns Aspectos da Qualificação Registrária no Registro de Parcelamento do Solo Urbano e o Código de Defesa do Consumidor". *Revista Direito do Consumidor*, volume 19. São Paulo: Revista dos Tribunais, 1996.

COELHO, Fábio Ulhoa. *Comentários ao Código de Proteção ao Consumidor*. São Paulo: Editora Saraiva, 1991.

CRETELLA JÚNIOR, José. *Comentários ao Código do Consumidor*. Rio de Janeiro: Forense, 1992.

DAIUTO, Reynaldo Ribeiro. "Compra e Venda com Pagamento do Preço Através de Cartão de Crédito – Operação à Vista ou a Prazo?". *Revista dos Tribunais*, volume 696. São Paulo: Revista dos Tribunais, 1993.

DALL'AGNOL JÚNIOR, Antônio Janyr. *Revista Direito do Consumidor*, volume 9. São Paulo: Revista dos Tribunais, 1994.

DE CASTRO. *Derecho Civil de España*, 2. ed. Madrid, 1949.

DEMING, W. Edwards. Qualidade: *A Revolução da Administração*. Rio de Janeiro: Editora Marques Saraiva, 1990.

DIAS, José de Aguiar. *Da Responsabilidade Civil*, volume 2. 6. ed. Rio de Janeiro: Forense.

DONATO, Maria Antonieta Zanardo. *Proteção ao Consumidor – Conceito e Extensão*. São Paulo: Revista dos Tribunais, 1994.

ENTERRÍA, Eduardo Garcia. Reflexiones Sobre la Lei e los Princípios Generales del Derecho. Cuadernos Civitas, 1986.

FABRÍCIO, Adroaldo Furtado. "As Novas Necessidades do Processo Civil e os Poderes do Juiz". *Revista Direito do Consumidor*, volume 7. São Paulo: Revista dos Tribunais, 1993.

FERREIRA, Aurélio Buarque de Holanda. *Novo Dicionário Aurélio da Língua Portuguesa*, 2. ed. Rio de Janeiro: Editora Nova Fronteira.

FILOMENO, José Geraldo Brito. *Código Brasileiro de Defesa do Consumidor*, 3. ed. Rio de Janeiro: Editora Forense Universitária.

———. *Manual de Direitos do Consumidor*. 2. ed. São Paulo: Atlas.

FREITAS, Arystóbulo de Oliveira. "Responsabilidade Civil Objetiva no Código de Defesa do Consumidor". *Revista Direito do Consumidor*, volume 11. São Paulo: Revista dos Tribunais, 1994.

FREITAS, Juarez. *A Interpretação Sistemática do Direito*. São Paulo: Malheiros, 1995.

FRONTINI, Paulo Salvador. *Degravação Judicial da Fita Cassete do Congresso Nacional de Direito do Consumidor*, Brasília, Março de 1994, Auditório do Banco Central do Brasil.

GOMES, Orlando. *Contratos*. 12. ed. Rio de Janeiro: Editora Forense.

GONZALEZ, Cristiane Paulsen, Código de Defesa do Consumidor na Relação Entre Logistas e Empreendedores de Shopping Centers, Porto Alegre: Livraria do Advogado, 2003.

GRAU, Eros Roberto. "Interpretando o Código de Defesa do Consumidor; Algumas Notas". *Revista Direito do Consumidor*, volume 5. São Paulo: Revista dos Tribunais, 1993.

GRINBERG, Rosana. "O Ministério Público e a Questão dos Cartões de Crédito". *Revista Direito do Consumidor*, volume 6. São Paulo: Revista dos Tribunais, 1993.

GRINOVER, Ada Pellegrini. "A Ação Civil Pública e a Defesa de Interesses Individuais Homogêneos". *Revista Direito do Consumidor*. volume 5. São Paulo: Revista dos Tribunais, 1993.

HEERDT, Paulo. "Os Contratos de Adesão no Código de Defesa do Consumidor". *Revista Direito do Consumidor*, volume 6. São Paulo: Revista dos Tribunais, 1993.

JACOMINO, Sérgio. "Alguns Aspectos da Qualificação Registrária no Registro de Parcelamento do Solo Urbano e o Código de Defesa do Consumidor". *Revista Direito do Consumidor*, volume 19. São Paulo: Editora Revista dos Tribunais, 1996.

KELSEN, Hans. *Teoria Pura do Direito*. Traduzido por João Batista Machado. São Paulo: Martins Fontes, 1995.

LACERDA, Galeno. *Revista da AJURIS* (Associação dos Juízes do Estado do Rio Grande do Sul), volume 5.

——. "Ação Civil Pública". Revista do Ministério Público do Estado do Rio Grande do Sul, volume 19. Porto Alegre, 1986.

LIMA, Ary José de. "Alguns Aspectos da Qualificação Registrária no Registro de Parcelamento do Solo Urbano e o Código de Defesa do Consumidor". *Revista Direito do Consumidor*, volume 19. São Paulo: Revista dos Tribunais, 1996.

LISBOA, Roberto Senise. "O Vício do Produto e a Exoneração da Responsabilidade". *Revista Direito do Consumidor*, volume 5. São Paulo: Revista dos Tribunais, 1993.

LÔBO, Paulo Luiz Neto. "Contratos no Código do Consumidor: Pressupostos Gerais". *Revista Direito do Consumidor*, volume 6, São Paulo: Revista dos Tribunais, 1993.

LOPES, José Reinaldo de Lima. *Responsabilidade Civil do Fabricante e a Defesa do Consumidor*. São Paulo: Revista dos Tribunais, 1992.

——. "Crédito ao Consumidor e Superendividamento – Uma Problemática Geral". *Revista Direito do Consumidor*, volume 17. São Paulo: Revista dos Tribunais, 1996.

MACHADO, Hugo de Brito. *Curso de Direito Tributário*, 10. ed. São Paulo: Malheiros.

MANCUSO, Rodolfo de Camargo. *Comentários ao Código de Proteção do Consumidor*. São Paulo: Saraiva, 1991.

——. *A Ação Civil Pública*. São Paulo: Revista dos Tribunais, 1989.

MARINS, James. *Responsabilidade da Empresa pelo Fato do Produto*. São Paulo: Revista dos Tribunais, 1993.

MARQUES, Cláudia Lima. *Contratos no Código de Defesa do Consumidor*, 2. ed. São Paulo: Revista dos Tribunais, 1995.

——. "Novas Regras Sobre a Proteção do Consumidor nas Relações Contratuais". *Revista Direito do Consumidor*, volume 1. São Paulo: Revista dos Tribunais, 1992.

——. "Os Contratos de Crédito na Legislação Brasileira de Proteção ao Consumidor". *Revista Direito do Consumidor*, volume 17. São Paulo: Revista dos Tribunais, 1996.

____ "Superação das Antinomias pelo diálogo das fontes: o modelo brasileiro de coexistência entre o Código de Defesa do Consumidor e o Código Civil de 2002", Revista Direito do Consumidor, volume 51, São Paulo: Revista dos Tribunais, 2004.

MARTINS-COSTA, Judith. *Diretrizes Teóricas do Código Civil Brasileiro*, São Paulo: Saraiva, 2002.

MAZZILI, Hugo Nigro. "Defesa dos Interesses Difusos em Juízo". *Revista do Ministério Público do Estado do Rio Grande do Sul*, volume 19. Porto Alegre, 1986.

MEIRELLES, Hely Lopes. *Direito Administrativo Brasileiro*, 14. ed. São Paulo: Revista dos Tribunais.

MELLO, Marcos Bernardes de. *Teoria do Fato Jurídico*, 3. ed. São Paulo: Editora Saraiva, 1988.

MIRANDA, Pontes de. *Tratado de Direito Privado*, Parte Geral. Rio de Janeiro: Borsoi, 1954.

MORAES, Paulo Valério Dal Pai. *O Princípio da Vulnerabilidade nos Contratos, na Publicidade e nas Demais Práticas Comerciais*. Porto Alegre: Síntese, 1999.

____ "Compatibilidade entre os Princípios do Código de Defesa do Consumidor e os do Código Civil ", Revista Direito do Consumidor, volume 57, São Paulo: Editora Revista dos Tribunais.

MUKAI, Toshio. *Comentários ao Código de Proteção do Consumidor*. São Paulo: Saraiva, 1991.

NAERT, Françoise Domont. "As Tendências Atuais do Direito Contratual no Domínio da Regulamentação das Cláusulas Abusivas". *Revista Direito do Consumidor*, volume 12. São Paulo: Revista dos Tribunais, 1994.

NASCIMENTO, Tupinambá Miguel Castro do. *Comercialização de Imóveis e o Código de Defesa do Consumidor*. Gráfica Metrópole.

——. Responsabilidade Civil no Código do Consumidor. Rio de Janeiro: Aide, 1991.

NERY JÚNIOR, Nelson. "Aspectos do Processo Civil no Código de Defesa do Consumidor". *Revista Direito do Consumidor*, volume 1. São Paulo: Editora Revista dos Tribunais, 1992.

——. "Os Princípios Gerais do Código Brasileiro de Defesa do Consumidor". *Revista Direito do Consumidor*, volume 3. São Paulo: Revista dos Tribunais, 1992.

——. *Código Brasileiro de Defesa do Consumidor*, 3. ed. Rio de Janeiro: Forense Universitária.

NORONHA, Fernando. *O Direito dos Contratos e Seus Princípios Fundamentais*. São Paulo: Saraiva, 1994.

PASQUALOTTO, Adalberto. "Defesa do Consumidor". *Revista Direito do Consumidor*, volume 6. São Paulo: Revista dos Tribunais, 1993.

——. "Os Serviços Públicos no Código de Defesa do Consumidor". *Revista Direito do Consumidor*, volume 1. São Paulo: Editora Revista dos Tribunais, 1992.

——. "Conceitos Fundamentais do Código de Defesa do Consumidor". *Revista dos Tribunais*, volume 666. São Paulo: Revista dos Tribunais, 1991.

PINTO, Bilac. *Estudos de Direito Público*, 1953.

PLATÃO. *A República*. Resumo do Livro II. 7. ed. Lisboa: Fundação Calouste Gulbenkian.

PUGLIESE, Roberto J. *"Time Sharing, Flat Service, Apart Hotel, Shopping Center*, Condomínios e Loteamentos Fechados – Expressões Modernas do Direito de Propriedade", *Revista dos Tribunais*, volume 733. São Paulo: Revista dos Tribunais, 1996.

REALE, Miguel. *Filosofia do Direito*, volume 1, 3. ed. São Paulo: Editora Saraiva, 1962.

RIZZARDO, Arnaldo. *Contratos*, volume III, Rio de Janeiro: Aide, 1988.

ROCHA, Sílvio Luiz Ferreira da. *Responsabilidade Civil do Fornecedor pelo Fato do Produto no Direito Brasileiro*. São Paulo: Revista dos Tribunais, 1992.

SANSEVERINO, Paulo de Tarso Vieira. *Responsabilidade Civil no Código do Consumidor e a Defesa do Fornecedor*. São Paulo: Saraiva, 2002.

SAYEG, Ricardo Hasson. "Práticas Comerciais Abusivas". *Revista Direito do Consumidor*, volume 7. São Paulo: Revista dos Tribunais, 1993.

SCHMIDT, Francisco Arnaldo. *Incorporação Imobiliária, Teoria e Prática*. Porto Alegre: Gráfica Metrópole.

SÉLLOS, Viviane Coêlho de. "Responsabilidade do Fornecedor pelo Fato do Produto", *Revista Direito do Consumidor*, volume 11. São Paulo: Revista dos Tribunais, 1994.

—— "Responsabilidade do Profissional Liberal pelo Fato do Serviço no Código de Proteção e Defesa do Consumidor". *Revista Direito do Consumidor*, volume 10. São Paulo: Revista dos Tribunais, 1994.

SILVA, José Afonso da. *Curso de Direito Constitucional Positivo*. 6. ed. São Paulo: Revista dos Tribunais, 1990.

SILVA, Luís Renato Ferreira da. "O Princípio da Igualdade e o Código de Defesa do Consumidor". *Revista Direito do Consumidor*, volume 8. São Paulo: Revista dos Tribunais, 1993.

SILVA, Ovídio Baptista da. *Curso de Processo Civil*, volume 1, 2. ed. Porto Alegre: Sergio Antonio Fabris, 1991.

SOBRINHO, Augusto Roberto, *"La responsabilidad profesional de los abogados"*, Revista Direito do Consumidor, volume 32, São Paulo: Editora Revista dos Tribunais, 1999.

TEPEDINO, Gustavo. Documento Básico do Congresso Internacional de Responsabilidade Civil, Consumidor, Meio Ambiente e Danosidade Coletiva, Realizado em Blumenau, Santa Catarina, volume 1.

——. *Multipropriedade Imobiliária*. São Paulo: Saraiva, 1993.

TOMASETTI, Alcides. "A Configuração Constitucional e o Modelo Normativo do CDC". *Revista Direito do Consumidor*, volume 14. São Paulo: Revista dos Tribunais, 1995.

TOPAM, Luiz Renato. "Do Controle Prévio e Abstrato dos Contratos de Adesão pelo Ministério Público". *Revista Direito do Consumidor*, volume 6. São Paulo: Revista dos Tribunais, 1993.

VENOSA, Sílvio de Sávio. Documento Básico do Congresso Internacional de Responsabilidade Civil, Consumidor, Meio Ambiente e Danosidade Coletiva, Realizado em Blumenau, Santa Catarina, volume 2.

WILHELMSSON, Thomas. "Regulação de Cláusulas Contratuais". *Revista Direito do Consumidor*, volume 18. São Paulo: Revista dos Tribunais, 1996.

*Índice onomástico

(Os números referem-se às páginas)

AGUIAR JÚNIOR, Ruy Rosado de – 38, 175
ALBERTON, Genacéia da Silva – 47
ALTERINI, Atílio Aníbal – 203
ALVIM, Arruda – 46, 63, 82, 85, 134, 140, 150, 151, 152, 153
AMARAL JÚNIOR, Alberto do – 43
AMARAL, Luiz – 55
ARISTÓTELES – 181, 228
ÁVILA, Humberto – 70
AZEVEDO, Fernando Costa de – 125

BASTOS, Celso Ribeiro – 65, 113
BENJAMIN, Antônio Herman de Vasconcelos e – 46, 93, 96, 129, 133, 141, 144, 150, 151, 154
BONATTO, Cláudio – 124, 187, 224
BONAVIDES, Paulo – 31, 33, 48
BOURGOIGNIE, Thierry – 86
BRANCO, Gerson Luiz Carlos – 102

CANARIS, Claus Wilhelm – 24, 26, 27
CHICUTA, Kioitsi – 219
COELHO, Fábio Ulhoa – 93
CRETELLA JÚNIOR, José – 106

DAIUTO, Reinaldo Ribeiro – 201
DALL'AGNOL JÚNIOR, Antônio Janyr – 64
DE CASTRO – 28
DEMING, W. Edwards – 39
DIAS, José de Aguiar – 135
DONATO, Maria Antonieta Zanardo – 81, 92, 94, 105, 108

ENTERRÍA, Eduardo Garcia – 28

FABRÍCIO, Adroaldo Furtado – 45
FERREIRA, Aurélio Buarque de Holanda – 43, 59, 83, 97, 142, 209
FILOMENO, José Geraldo Brito – 30, 53, 82, 85, 105, 182
FREITAS, Arystóbulo de Oliveira – 133, 137

FREITAS, Juarez – 23, 24, 229
FRONTINI, Paulo Salvador – 50

GOMES, Orlando – 49, 134, 221
GONZALEZ, Cristiane Paulsen – 71
GRAU, Eros Roberto – 22, 24, 61, 62, 159
GRINBERG, Rosana – 198
GRINOVER, Ada Pellegrini – 189

HEERDT, Paulo – 49, 161, 162, 183

JACOMINO, Sérgio – 219

KELSEN, Hans – 33, 228

LACERDA, Galeno – 187, 188
LIMA, Ary José de – 219
LISBOA, Roberto Senise – 154
LÔBO, Paulo Luiz Neto – 98
LOPES, José Reinaldo de Lima – 127, 157, 206

MACHADO, Hugo de Brito – 65, 118, 119
MANCUSO, Rodolfo de Camargo – 165, 173
MARINS, James – 46, 63, 82, 85, 105, 107, 132, 134, 140, 150, 151, 152, 156
MARQUES, Cláudia Lima – 35, 37, 73, 77, 79, 80, 81, 84, 87, 88, 98, 100, 116, 124, 160, 192, 199, 222
MARTINS-COSTA, Judith – 102
MAZZILI, Hugo Nigro – 173
MEIRELLES, Hely Lopes – 111, 113, 117
MELLO, Marcos Bernardes de – 60
MIRANDA, Pontes de – 59
MORAES, Paulo Valério Dal Pai – 45, 70, 124
MUKAI, Toshio – 82

NAERT, Françoise Domont – 162
NASCIMENTO, Tupinambá Miguel Castro do – 66, 67, 68, 133, 145, 217
NERY JÚNIOR, Nelson – 64, 101, 135, 137, 152, 169, 171, 173, 177, 188, 197

PASQUALOTTO, Adalberto – 30, 117, 124, 182, 210
PINTO, Bilac – 115
PLATÃO – 231
PUGLIESE, Roberto J. – 191

REALE, Miguel – 21, 22
RIZZARDO, Arnaldo – 176, 215
ROCHA, Sílvio Luiz Ferreira da – 132, 139, 141, 156, 157

SANSEVERINO, Paulo de Tarso Vieira – 138
SAYEG, Ricardo Hasson – 52, 159
SCHMIDT, Francisco Arnaldo – 212, 214
SÉLLOS, Viviane Coêlho de – 130, 133, 145

SILVA, José Afonso da – 65
SILVA, Luís Renato Ferreira da – 32
SILVA, Ovídio Baptista da – 168
SOBRINHO, Augusto Roberto – 142

TEPEDINO, Gustavo – 149, 192
TOMASETTI, Alcides – 31
TOPAM, Luiz Renato – 172

VENOSA, Sílvio de Sávio – 146

WILHELMSSON, Thomas – 210

Índice analítico

Abusividade(s) 48, 51, 56, 168, 197, 207
Abuso(s) 18, 32, 35, 47-49, 52, 149, 164, 197, 208, 219
Acidente(s) de consumo 25, 63, 73, 95, 99, 106, 148-151, 155, 156
Amostra grátis 87, 106, 203
Antinomia(s) 24, 25, 33, 62, 73, 228
Antinomias ideológicas 25
Antinomias negativas 228
Antinomias positivas 228
Atividade(s) 18, 22, 30, 44, 51, 52-55, 61, 79, 86, 87, 97, 99, 101, 103, 109, 113, 118, 125, 130-132, 136, 137, 140, 142, 143, 168, 169, 177-185, 206, 211, 212, 214, 216, 221
Atividade(s) bancária(s) 18, 109, 136, 137, 140, 164, 168, 177-185
Atividades de prestação de serviços 99, 111, 143, 149, 200

Bem(ns) imaterial(is) 107
Bens corpóreos 107
Bens imateriais intangíveis 107
Bens imóveis 107
Bens incorpóreos 107
Bens materiais 107
Bens móveis 107
Boa-fé 18, 26, 36-43, 51, 80, 163, 194, 205, 222, 231
Busca do pleno emprego 25, 47
Bystander 96,

Cartão(ões) de crédito 19, 110, 177, 198-202, 206, 213,
Caso fortuito 132-147
Causa de exclusão da responsabilidade civil 136
Causa excludente da responsabilidade 139-141
Causas excludentes da responsabilidade do fornecedor 133-134
Causas exonerativas 133
Cláusula(s) abusiva(s) 18-19, 35, 41, 49, 50, 64, 80, 94-95, 159-176, 187, 190, 197, 205, 208, 209, 218-224
Cláusulas contratuais 34, 37, 70, 166-177, 207, 208, 220
Cláusulas contratuais gerais 169-174
Coletividade(s) 46, 92, 112, 119, 165, 185
Coletividade como equiparada ao consumidor 92

Comerciante 74, 80, 129, 151, 155-157, 211, 216
Compromisso de ajustamento de conduta 54, 170, 175
Compromissos de ajustamento 174, 196
Conceito de consumidor 18, 64, 77-79, 91, 116, 150, 162, 183
Conceito de princípio(s) 21, 24
Conceito de segurança 151
Conceito *standard* de consumidor 77, 81, 149
Conceitos básicos de consumidor 94
Condições gerais 80, 160-163
Condições gerais de contratação 160
Condições gerais dos contratos 80, 161
Conduta comercial abusiva 203
Consensualidade 118, 120
Construtor 155, 156, 195, 213-215, 225
Consumidor-final 84, 88
Consumo em sentido estrito 101
Contrato(s) de adesão 15-19, 49, 70, 71, 91, 160-163, 166, 172, 183, 192, 195, 210, 217, 218
Contrato de cartão de crédito 19, 179, 198, 213
Contrato de empréstimo bancário 180
Contrato(s) de incorporação imobiliária 19, 195, 211, 217, 220
Contrato(s) de tempo compartilhado 19, 190, 195
Contrato(s) de *time sharing* 19, 190-194
Contratos bancários 18, 109, 162, 164, 166, 176, 177, 183, 187, 190
Contratos imobiliários 18, 193, 221
Contratos submetidos a condições gerais 160
Contribuinte 113-123
Contribuição de melhoria 113
Controle administrativo abstrato e preventivo 169
Controle administrativo das cláusulas contratuais gerais 169-170
Controle dos contratos de adesão 172
Controle judicial prévio e abstrato 187
Controle prévio e abstrato 51, 164, 172, 176, 190, 219, 220
Controle prévio e abstrato das abusividades dos contratos 51
Controles administrativos imperativos 131
Culpa de terceiro 72, 136
Culpa do fornecedor de serviço 143
Culpa presumida 153-154

Danos à incolumidade psíquica ou física 128
Declaração de hipossuficiência 95
Defeito(s) 25, 54, 74, 95, 130, 132-134, 136, 137, 140-144
Defesa preventiva do consumidor 93
Desenvolvimento de atividade(s) 97, 98
Destinação final 81-83
Destinação final fática 83

Destinatário fático 81
Destinatário fático e econômico 81
Destinatário(s) final(is) 16, 35, 62, 63, 74, 77, 81-96, 110, 178, 184,
Destinatário final econômico 82, 84, 88
Dever de diligência 134, 140
Dever de indenizar 129, 133, 135, 137, 154-157
Direito de arrependimento 194, 195-198
Direito de habitação periódica 194
Direitos de habitação turística 193
Direitos coletivos 187-189
Direitos difusos 187-189
Direitos individuais homogêneos 167, 187, 189
Distribuidor 84, 129

Esforços de integração 209
Estado de necessidade 49, 51, 52, 120, 162, 229
Estado de necessidade social 120
Estado-promotor 31, 35
Estado-providência 31
Excludentes da responsabilidade 131
Exclusão da responsabilidade 133, 134, 139

Fabricante do produto 152, 157
Fato de terceiro(s) 137, 138
Fato do produto ou serviço 150
Força maior 18, 132-140, 147, 152, 224,
Força maior externa 140
Força maior interna 140
Força maior social 206, 224
Fornecedor 97-103
Fornecedor do serviço 99
Fornecedor profissional 63, 101, 125
Fornecimento de serviços 99
Função social da propriedade 47

Habitualidade 98, 99, 214, 216
Harmonia 52-54, 61, 69, 109, 177, 197, 203, 222, 223, 229, 230
Harmonia das relações de consumo 52, 54, 61, 177, 197, 203, 223, 229
Harmonia no mercado de consumo 52, 53, 109
Hipossuficiência 46, 85, 95, 143,
Hipossuficiente(s) 82, 95, 130
Homeostase 33

Importador 155-157
Impostos 113, 116, 121, 122
Imprevisibilidade 136
Incidente(s) de consumo 99, 100, 146, 152, 154, 155
Incorporação(ões) 195, 211-225

Incorporação(ões) imobiliária(s) 211-225
Incorporador(es) 213-218
Inevitabilidade 135, 136,
Inexistência de nexo de causalidade 136
Inquérito civil 54, 169-171
Insumidor 85
Insumo 83-85
Integração contratual 208
Integração judicial 209
Integrar 43, 209,
Interesse de agir 169, 173
Interesse social 57, 63, 64, 66, 69, 112, 167, 170, 223
Interesses difusos 164-167, 173, 174, 187
Interesses indisponíveis 173, 187, 190
Interesses individuais homogêneos 166, 167, 187-190
Interesses metaindividuais 165
Inversão do ônus da prova 32, 65, 96, 178
Irretratabilidade 221
Irrevogabilidade 221

Juízo(s) de realidade 21, 22, 23
Juízo(s) de valor 21, 22
Juízos de fato, 22
Justiça do organismo social 230

Lei(s) Complementar(es) 65-68, 173
Lei(s) Ordinária(s) 65-68
Leis culturais 22, 23
Leis jurídicas 22, 23
Leis naturais 22, 23
Liberdade contratual 41, 120, 210
Liberdade de contratar 34, 120

Natureza jurídica 63, 102, 124
Necessidades essenciais 112
Nexo causal 137
Nexo de causalidade 129, 136, 137, 154
Norma excepcional 148
Norma-objetivo 30, 61, 62, 159, 177, 184, 219
Norma teleológica básica 229
Normas de conduta 61, 62
Normas de ordem pública 63
Normas de organização 61, 62
Norma(s) jurídica(s) 56, 61, 62, 63

Objeto da ação civil pública 188
Objeto da relação de consumo 105, 112, 150, 179
Objeto de relação jurídica de consumo 59, 62, 77, 106, 108, 121, 218

Obrigação(ões) de resultado 144-149
Obrigações de meio 144-149
Operações de crédito ao consumidor 182
Ordem pública 57, 63, 64, 66, 69, 112, 167, 170, 223

Pessoas equiparadas ao consumidor 93
Prática(s) abusiva (s) 49, 51, 94, 159, 160, 161, 172, 195
Práticas abusivas no mercado de consumo 159
Práticas comerciais 52, 159
Práticas comerciais abusivas 159
Preço 83, 84, 100, 109, 113-118, 121, 124, 130, 134, 137, 143, 145, 191, 204
Preço privado 114
Preço(s) público(s) 113-118, 121, 124
Preços de serviços públicos 113-118
Prestação de serviços 89, 99, 102, 111, 114, 121, 123, 126, 143, 149, 182, 200
Presunção absoluta de culpa 154
Prevalecimento da fraqueza do consumidor 119
Princípio da boa-fé 36, 40, 80, 223, 231
Princípio da boa-fé objetiva 36, 231
Princípio da generalidade 49
Princípio da harmonia 52, 54, 56, 223, 229, 230
Princípio da harmonia das relações de consumo 54, 223, 229
Princípio da harmonia do mercado de consumo 52, 56
Princípio da hierarquização axiológica 228
Princípio da igualdade 29-32, 34, 43, 51, 70, 73, 79, 91, 118
Princípio da invariabilidade 49
Princípio da liberdade 34-36
Princípio da prepotência 161
Princípio da proporcionalidade 48
Princípio da repressão eficiente aos abusos 47
Princípio da responsabilidade objetiva 135-137, 153
Princípio da superioridade 51, 161
Princípio da unidade 161
Princípio da vulnerabilidade 42, 47, 70
Princípio dispositivo 64
Princípio do estado de necessidade 51
Princípio teleológico da liberdade 35
Princípios constitucionais 21, 25, 27, 38, 47, 68, 69, 126, 171
Produtor 155-157
Profissão liberal 142
Profissional(is) liberal(is) 143-146, 148
Profissionalidade 97-101, 125, 213, 216

Redução das desigualdades regionais e sociais 47
Reflexão 148, 194, 196
Regime da responsabilidade objetiva 135

Regra da integração do contrato 209
Regra da solidariedade 156
Regras 22-24, 26, 27, 33, 51, 57, 61, 62, 78, 79, 85, 86, 95, 111, 118, 119, 144, 146, 223, 225,, 229, 230, 231
Regras de conduta 27
Regras de organização 27
Relação com contornos de direito privado 115
Relação contratual 81, 95, 98, 155, 208, 210
Relação(ões) de consumo 30, 36, 44, 46, 54, 56, 61, 66, 68, 74, 79, 84, 92, 99, 105, 107, 110, 112, 120, 142, 160, 167, 168, 177, 197, 198, 203, 204, 209, 216, 217, 219, 223, 229
Relação de *time sharing* 190-194
Relação de tributação 118
Relação(ões) jurídicas 59, 61, 62, 63, 77, 106, 108, 112, 121, 150, 224
Relação típica de direito público 115
Relações do mundo fático 61
Remuneração 97, 99, 100, 101, 106, 108, 116, 200
Remuneração do serviço 99, 100, 200
Repressão eficiente dos abusos 47, 52, 55, 149, 197, 208
Responsabilidade civil 71, 72, 91, 127, 136, 138, 139, 142, 149, 151, 152-157
Responsabilidade civil aquiliana 153
Responsabilidade civil baseada na culpa 142
Responsabilidade civil do comerciante 155
Responsabilidade civil pelo fato do produto e do serviço 151
Responsabilidade civil pelos acidentes de consumo 149
Responsabilidade objetiva 91
Responsabilidade objetiva mitigada 154
Responsabilidade pelo risco 152
Responsabilidade pelos vícios do produto ou do serviço 148
Responsabilidade por risco da empresa 152
Responsabilidade sem culpa 142, 144, 146, 152
Responsabilidade subjetiva 148
Responsabilidade subjetiva dos profissionais liberais 148
Responsabilidade subsidiária do comerciante 155
Responsabilidade supletiva 156
Risco da atividade 135
Riscos de desenvolvimento 140
Riscos na compra e venda 134

Segurança 97, 110, 112, 150, 198, 202, 216, 223, 230
Semoventes 107
Serviço de saúde pública 112
Serviço de segurança pública 112
Serviço de telefonia 118
Serviços de cartão de crédito 198, 206
Serviços de natureza bancária, financeira, creditícia e securitária 109

Serviços prestados por profissionais liberais 147
Serviços públicos 111-116, 121-126, 219
Serviços públicos específicos 114
Serviços públicos impróprios 112, 113
Serviços públicos próprios 112
Serviços públicos remunerados por tarifas 121
Serviços públicos remunerados por taxas 113, 121
Serviços remunerados através de preço público 117
Serviços remunerados através de tributos 116
Serviços remunerados especificamente 112
Serviços *uti singuli* 113, 121
Serviços *uti universi* 112, 113
Solidariedade 129, 151, 156
Subsidiariedade na responsabilidade do comerciante 129
Sujeitos responsáveis pelo dever de indenizar 155
Suporte fático 59, 61, 62
Suporte fático consumerista 62

Tarifa(s) 113-117, 121, 126
Taxa(s) 113-125
Técnica de integração do contrato 207
Teoria da imprevisão 223
Teoria da lesão qualificada 162, 163
Teoria do risco da atividade 135
Time sharing 190-194
Tradição 30
Tributo(s) 113-119

Venda casada 109, 119
Venda emocional 196, 197
Vendas pelo correio 204
Vícios de informação 148
Vícios de qualidade por inadequação 151, 154, 155
Vícios de qualidade por insegurança 151
Vícios de quantidade 151, 154, 155
Vítima do evento danoso 94
Vítimas de acidentes de consumo 150
Vítimas do evento 149
Vulnerabilidade 42-47, 70, 85, 86, 143, 197, 210, 222
Vulnerável 42-45, 73, 86, 87, 142, 143, 164, 209